Werner Jungbeck

Die Flummi-Taktik – Selbstbehauptung in Gesprächen

Werner Jungbeck

Die Flummi-Taktik – Selbstbehauptung in Gesprächen

Rediroma-Verlag

Bibliografische Information der Deutschen Nationalbibliothek:
Die Deutsche Nationalbibliothek verzeichnet diese Publikation in der Deutschen Nationalbibliografie; detaillierte bibliografische Daten sind im Internet über http://dnb.ddb.de abrufbar.

ISBN 978-3-96103-085-9

Illustrationen: Christiane Jungbeck

www.rediroma-verlag.de
22,95 Euro (D)

Inhaltsverzeichnis

1 Einleitung

1.1 Was bedeutet Flummi-Taktik?

Bestimmt haben Sie sich schon gefragt, was es mit dem Titel der Buches, »Die Flummi-Taktik«, auf sich hat.

Ehrlich gesagt war genau das der Sinn des Titels: Ich wollte damit Ihre Neugier wecken!

Ein Flummi ist tatsächlich aber auch ein passendes Bild für das, worum es in diesem Buch geht, nämlich für Selbstbehauptung in Gesprächen.

Der bunte Gummiball ist hart und unempfindlich. Exakt diese Eigenschaften müssen Sie ebenfalls entwickeln, wenn Sie sich in bestimmten Situationen behaupten wollen.

Der Ball ist dennoch elastisch und flexibel, wiederum wichtige Attribute erfolgreicher Selbstbehauptung. Es gibt ja unterschiedliche Formen von verbalen Angriffen, von der sanften »Frotzelei« über pauschale Kritik bis hin zur handfesten Beleidigungen. Sie müssen dementsprechend verschiedene Selbstbehauptungstechniken beherrschen und diese flexibel einsetzen, je nach Art des Angriffs, aber auch je nach Situation und nach Beziehung zwischen den beteiligten Personen.

Wenn ein Flummi auf den Erdboden oder gegen eine Wand prallt, sind seine weitere Flugrichtung und Geschwindigkeit oft schwer einzuschätzen. Eine gewisse Unberechenbarkeit mag auch zum Zwecke der Selbstbehauptung manchmal vorteilhaft sein. Sie können unangenehme Gesprächspartner verunsichern, verwirren und sogar sprachlos machen, wenn Sie auf überraschende und unerwartete Weise auf Angriffe reagieren.

Schließlich ist ein Flummi häufig bunt, so bunt, wie Ihr Selbstbehauptungsrepertoire nach der Lektüre dieses Buches sein wird. Es umfasst dann Zwei-Silben-Antworten ebenso wie komplexe Argumentationen, witzige Antworten und Ironie ebenso wie knallharte Konfrontation.

Entwickeln Sie also jetzt die Eigenschaften eines Flummis! Werden Sie ein Profi der Flummi-Taktik und ein Meister der Selbstbehauptung!

1.2 Was ist Selbstbehauptung? Warum Selbstbehauptung?

Frau Trick sitzt im Auto. Sie will rückwärts einparken. Ganz langsam rangiert sie in die Parklücke. Die Lücke ist eng. Da rumst es! Frau Trick hat das hinter ihr stehende Fahrzeug touchiert. Ein Mann, der in der Nähe steht, bemerkt süffisant: »Typisch Frau!«

Der Chef und sein Mitarbeiter treffen sich zu einem Feedbackgespräch. Der Chef sagt: »Herr Fröhlich, Ihre Motivation hat in letzter Zeit stark nachgelassen!«

Frau Hübsch läuft über den Flur des Bürogebäudes. Es ist heiß. 30 Grad! Deshalb trägt sie heute einen etwas kürzeren Rock. Kollege Not kommt ihr auf dem Gang entgegen. Er pfeift laut. Dann sagt er: »Du siehst heute aber scharf aus, Trudi!«

Welche Gemeinsamkeit haben diese unterschiedlichen Situationen?

In allen drei Fällen wird eine Person durch eine Aussage kritisiert, angegriffen, herabgesetzt oder verletzt.

Frau Trick, Herr Fröhlich und Frau Hübsch müssen sich jetzt selbst behaupten. Sie müssen ihre Interessen verteidigen, nach außen Stärke, Selbstbewusstsein und Integrität demonstrieren, nach innen die Selbstachtung wahren.

Wie verhalten Sie sich eigentlich in solchen oder ähnlichen Situationen?

Sind Sie geschockt? Haben Sie eine Blockade im Kopf? Sind Sie sprachlos? Fällt Ihnen erst hinterher ein, was Sie hätten sagen können?

Falls Sie einige dieser Fragen mit »Ja!« beantwortet haben, ist es höchste Zeit, die Fähigkeit zur Selbstbehauptung zu verbessern.

Denn wenn Sie sich in Gesprächen schlecht behaupten können, werden Sie sich natürlich oft mies fühlen und leiden.

Am Arbeitsplatz, in der Familie und in anderen Gruppen werden Menschen, die sich schlecht behaupten, gerne in eine Opferrolle gedrängt. Die anderen erkennen: Da ist eine Person, die sich nicht wehrt! Die kann ich risikolos angreifen! An ihr kann ich mein Mütchen kühlen! Ihr kann ich die Schuld zuschieben!

Wer will schon so gesehen und behandelt werden?

Ich nicht, und Sie sicher auch nicht! Genau deswegen ist der vorliegende Ratgeber die richtige Wahl!

1.3 Wie ist das Buch aufgebaut?

In Kapitel 2 lernen Sie zunächst, wie Sie Gesprächssituationen und Aussagen von Gesprächspartnern richtig analysieren und interpretieren, und zwar mit Hilfe von Modellen der Kommunikationspsychologie. Das ist für Sie wichtig, um zu erkennen, ob überhaupt ein Angriff vorliegt, ob Sie sich also selbst behaupten müssen und welche Strategie in der jeweiligen Situation angemessenen ist.

Kapitel 3 beschäftigt sich mit grundlegenden Voraussetzungen für eine erfolgreiche Selbstbehauptung. Wie sollten Sie sich verhalten (denken, fühlen und handeln), und was sollten Sie grundsätzlich bei Ihrer Kommunikation beachten?

In Kapitel 4 stelle ich Ihnen konkrete Selbstbehauptungstechniken vor. Dabei gebe ich Hinweise auf den jeweiligen Anwendungsbereich und präsentiere dazu passende Beispiele und Übungen.

Kapitel 5 schließlich enthält noch eine kleine Spielesammlung. Es handelt sich um einfache Spiele, die die Spontaneität fördern, den Umgang mit Zeitdruck trainieren, den Wortschatz erweitern und die spielerische Improvisation mit Sprache ermöglichen.

Der Zusammenhang zwischen sprachlicher Gewandtheit und Selbstbehauptung liegt ja auf der Hand. Die vorgeschlagenen Übungen bieten die Chance, das eigene sprachliche Repertoire spaßbetont zu erweitern.

Viel Vergnügen bei der Lektüre!

2 Kommunikationsmodelle

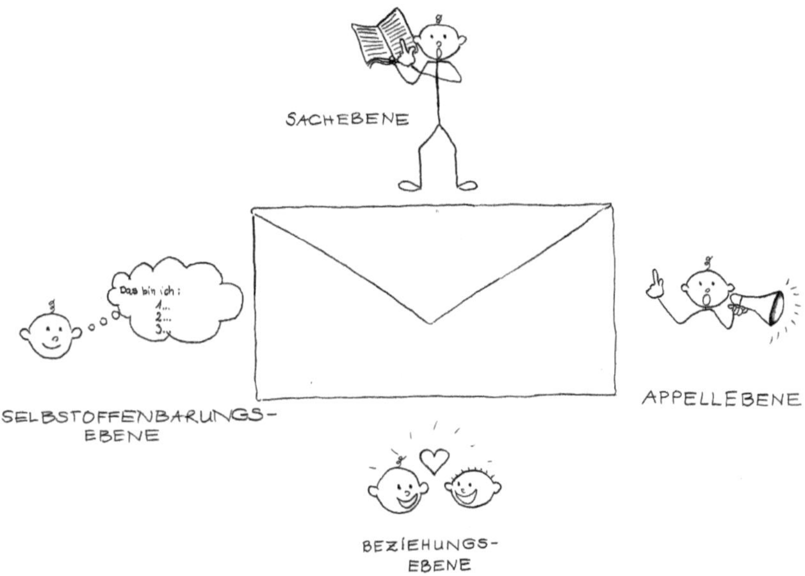

2.1 Das Vier-Seiten-Modell der Nachricht

Abteilungsleiter Scheffe betritt den Raum und wendet sich an seine Sekretärin, Frau Eifrig: »Die Akte Müller ist nicht da.«

Hier findet Kommunikation im Sinne zwischenmenschlicher Verständigung statt. Was Herr Scheffe sagt und wie er es sagt, das wird im Rahmen des Modells als Nachricht bezeichnet. In diesem Fall ist es ein Satz. Eine Nachricht kann auch aus mehreren zusammenhängenden Sätzen bestehen.

Sie kommt vom Abteilungsleiter, der damit zum Sender wird. Derjenige, für den die Nachricht bestimmt ist, ist der Empfänger.

Der Empfänger, im Beispiel die Sekretärin, hört die Nachricht und interpretiert sie. Man spricht in diesem Zusammenhang von Entschlüsselung.

Frau Eifrig kann die Nachricht rein sachlich deuten: »Die Akte Müller ist nicht auffindbar.« Friedemann Schulz von Thun, der Erfinder des Vier-Seiten-Modells, spricht hier von der Sachseite der Nachricht.

Vielleicht interpretiert sie die Aussage unter der Fragestellung, was in ihrem Chef vorgeht: »Er macht sich Sorgen, dass die Akte verschwunden ist. Er ärgert sich, weil er die Akte gerade braucht.« Das ist in der Sprache des Modells die Selbstoffenbarungsseite, wobei die Selbstoffenbarung des Senders gemeint ist.

Die Sekretärin kann auch heraushören, ob vielleicht eine positive oder negative Kritik in der Aussage steckt und ob etwas über die Beziehung zwischen Sender und Empfänger impliziert ist: »Er denkt, dass ich die Akte verlegt habe. Er denkt, dass ich schuld bin. Er meint, dass ich etwas falsch gemacht habe und er der Leidtragende dieses Fehlers ist. Er glaubt, dass es mein Fehler ist und dass er mich deswegen tadeln muss.« Das ist laut Schulz von Thun die Beziehungsseite der Nachricht.

Frau Eifrig mag sich als Dienstleisterin auch fragen, ob ein Auftrag des Abteilungsleiters in der Nachricht verpackt ist, was sie also aufgrund seiner Aussage jetzt tun soll: »Er will, dass ich ihm suchen helfe. Ich soll ihm sagen, wo die Akte ist.« Das wäre die Appell-Seite der Nachricht.

Die möglichen Ergebnisse der Nachrichtenentschlüsselung nennt man Botschaften. Sie sind explizit (»Akte ist nicht da.«) oder implizit (indirekt, nur durch Interpretation zu erschließen) in der Nachricht enthalten, und zwar auf den vier oben genannten Seiten.

Abbildung 1

Vier-Seiten-Modell der Nachricht

Abbildung 2

Die vier Ohren des Empfängers

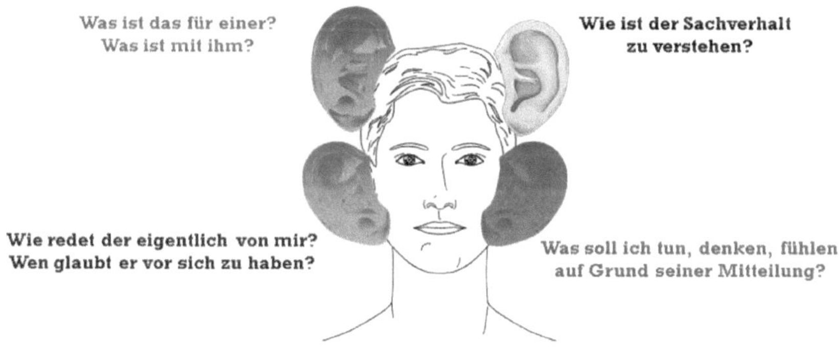

Angenommen, Frau Eifrig entschlüsselt die Nachricht so:

»Er glaubt, dass es mein Fehler ist und dass er mich deswegen tadeln muss.« Sie interpretiert die Nachricht also als negative Beziehungsbotschaft.

Ist das korrekt? Hat Herr Scheffe es so gemeint? Man weiß es zunächst nicht. Grundsätzlich besteht jedenfalls die Möglichkeit, dass ein Empfänger die Nachricht anders entschlüsselt, als sie vom Sender gemeint war.

Denkbar wäre zum ***Beispiel*** Folgendes:

Der Abteilungsleiter meint …

- … auf der Sachseite: Die Akte Müller ist nicht da.
- … auf der Selbstoffenbarungsseite: Ich mache mir Sorgen, dass sie verschwunden ist.
- … auf der Beziehungsseite: Sie sind meine Expertin für Büroorganisation und können mir sagen, wo ich suchen soll beziehungsweise was ich machen soll. Ich bin derjenige, der Hilfe benötigt, und Sie sind diejenige, die mir helfen kann.
- … auf der Appellseite: Bitte helfen Sie mir!

Seine Sekretärin versteht …

- … auf der Sachseite: Die Akte Müller ist nicht da;
- … auf der Selbstoffenbarungsseite: Ich (Chef) bin stinksauer.
- … auf der Beziehungsseite: Sie haben einen Fehler gemacht und ich muss Sie deswegen tadeln. Ich bin der kritische Chef und Sie sind die unterstellte Mitarbeiterin.
- … auf der Appellseite: Geben Sie den Fehler zu!

Ein völliges Missverständnis: Herr Scheffe sendet auf den drei impliziten Seiten seiner Nachricht bestimmte Botschaften, die Frau Eifrig völlig anders versteht. Sie fühlt sich beschuldigt und attackiert, obwohl ihr Chef dies mitnichten im Sinn hatte.

Ihre Reaktion, in der Diktion des Modells auch Feedback genannt, könnte entsprechend ausfallen. Zum ***Beispiel*** so:

»Wollen Sie mir schon wieder die Schuld für Ihre Unordnung in die Schuhe schieben?«

Das wäre eine sehr konfrontative Replik gegenüber einem netten Chef, der eigentlich nur die Hilfe seiner Sekretärin wollte. Die pampige Antwort der Mitarbeiterin könnte den Abteilungsleiter nun seinerseits auf die Palme bringen:

»Wie reden Sie überhaupt mit mir, Frau Eifrig? Der Vorgesetzte bin immer noch ich. Das wird ein Nachspiel haben. Kommen Sie bitte vor Feierabend in mein Büro!«

Hier erkennen Sie, was das Vier-Seiten-Modell mit dem Thema des Buches zu tun hat, mit Selbstbehauptung also. In der Einführung wurde ja festgestellt, dass Selbstbehauptung angebracht und erforderlich ist, wenn Sie angegriffen werden. Aber werden Sie überhaupt von Ihrem Gesprächspartner attackiert? Wenn Sie auf einen vermeintlichen Angriff hart reagieren, können Sie viel Porzellan zerschlagen und sich selbst Schaden zufügen.

Solche Fehlinterpretationen kommen häufiger vor, als Sie glauben. Die meisten Erwachsenen haben sich aufgrund ihrer Erziehung, ihrer Erfahrungen, ihrer Sozialisation angewöhnt, Nachrichten in einer für sie typischen Weise zu entschlüsseln. Wer streng erzogen, oft kritisiert, aber wenig gelobt worden ist, reagiert als Erwachsener häufig besonders empfindlich auf negative Beziehungsbotschaften. Wie Frau Eifrig in unserem Beispiel hören solche Menschen aus jeder Nachricht Vorwürfe und Kritik heraus und reagieren allergisch darauf. Eben auch dann, wenn die Nachricht gar nicht so gemeint war.

Die Kenntnis und Anwendung des Modells von Schulz Thun kann helfen, Nachrichten objektiver zu interpretieren und negative Entschlüsselungsautomatismen abzubauen.

Das Modell legt es nahe, in (vermeintlich?) kritischen Gesprächssituationen zunächst mit Techniken zu reagieren, die mehr Zeit und Informationen verschaffen, damit man die Aussagen des Gesprächspartners richtig deuten und im weiteren Verlauf des Gesprächs angemessen behandeln kann. (Vgl. Kapitel 4.3, Versachlichungstechniken!)

Außerdem wird die Bedeutung der paraverbalen (Stimme, Tonfall, Sprechtempo, Tonhöhe, Betonung, Lautstärke) und der extraverbalen Kommunikation (Gestik, Mimik, Körperhaltung und -bewegung, Verhalten im Raum) deutlich. Neben der Vorgeschichte und dem aktuellen Kontext des Gesprächs ist die Beachtung dieser Elemente von Kommunikation sehr hilfreich für den Empfänger einer Nachricht, um die »gemeinten« Botschaften des Senders korrekt zu erfassen.

Wenn Herr Scheffe in unserem Beispiel eine Zornesfalte auf der Stirn hat, sehr nahe an die Sekretärin heranrückt, laut und in einem vorwurfsvollen Tonfall spricht, wenn es darüber hinaus in den vergangenen Wochen regelmäßig Auseinandersetzungen zwischen dem Abteilungsleiter und seiner Mitarbeiterin gegeben hat, dann wäre die Entschlüsselung der Nachricht als Attacke wohl richtig.

Lächelt der Abteilungsleiter aber während seiner Aussage, schaut er Frau Eifrig nett an, hält er den gebotenen Abstand zu ihr ein und ist das Verhältnis zwischen ihm und seiner Sekretärin schon immer gut gewesen, läge eher eine Entschlüsselung im gemeinten Sinne (vgl. oben) nahe.
Wie anders würde sich das Gespräch zwischen den Protagonisten dann gestalten!

Herr Scheffe: »Die Akte Müller ist nicht da!«

Frau Eifrig: »Oh, das kann zum Problem werden. Soll ich Ihnen denn einmal beim Suchen helfen?«

Herr Scheffe: »Das wäre sehr lieb. Sie haben hier den ultimativen Überblick. Wenn einer die Akte finden kann, dann Sie!«

Wie herrlich löst sich die Situation hier auf! Die Mitarbeiterin holt sich noch ein Kompliment ab. Selbstbehauptung? Gar nicht nötig!

Und warum? Weil Frau Eifrig achtsam war, weil sie das Was und das Wie der Nachricht analysiert hat, sich nicht von Automatismen im Sinne von »In jeder Chefaussage steckt ein Angriff!« hat leiten lassen.

Im Zusammenhang mit dem Thema Selbstbehauptung lautet die Schlussfolgerung: Zuerst Nachricht mit Hilfe des Vier-Seiten-Modells analysieren, und zwar unter Einbeziehung von Vorgeschichte, Kontext, para- und extraverbaler Kommunikation! Danach entscheiden, ob eine Selbstbehauptung überhaupt erforderlich ist und welche Technik passt!

2.2 Die Transaktionsanalyse

Die Transaktionsanalyse, ursprünglich entwickelt von dem kanadisch-US-amerikanischen Psychiater Eric Berne, geht von folgender Annahme aus:

Jede Nachricht, die wir senden, stammt aus einem von drei inneren Speichern. Die Speicher werden als Eltern-Ich, Kind-Ich und Erwachsenen-Ich bezeichnet.

Das Eltern-Ich enthält typische »Elternaussagen«, also verbale, paraverbale und extraverbale Kommunikationsinhalte beziehungsweise -merkmale, wie sie für Eltern und andere Autoritätspersonen gegenüber Kindern üblich sind. Es handelt sich um (über)fürsorgliche und (über)kritische Aussagen. Sie werden in einem entsprechenden Tonfall getätigt. Es sind vor allem kritische Fragen, Gebote und Verbote sowie Dogmen.

Beispiele:

»Zieh die Jacke an, es ist kalt draußen!« (fürsorgliches Eltern-Ich)

»Du darfst diesen Film nicht anschauen. Viel zu viel Gewalt!« (fürsorgliches Eltern-Ich)

»Hast du deine Hausaufgaben schon gemacht?« (kritisches Eltern-Ich)

Solche und ähnliche Sätze hört ein Kind in den ersten Lebensjahren tausendfach. Sie werden abgespeichert und gehen in das Kommunikationsrepertoire ein. Als Erwachsene bedienen wir alle uns dieses gelernten Repertoires, und zwar nicht nur gegenüber Kindern, sondern auch gegenüber anderen Erwachsenen.

Beispiele:

»Frau Eifrig, machen Sie bitte eine Kopie für das Finanzamt! Sonst haben wir den Salat!«

»Sie dürfen hier nicht rauchen! Das ist nach den Sicherheitsrichtlinien verboten!«

»Sie wollen schon Feierabend machen, Frau Eifrig? Haben Sie für die Teambesprechung morgen früh auch alles vorbereitet?«

Wie groß das Eltern-Ich einer Person ist beziehungsweise in welchem Umfang Aussagen aus diesem Speicher in den alltäglichen Gesprächen eines Menschen auftauchen, das ist individuell unterschiedlich. Der Anteil des Eltern-Ichs ist ein Persönlichkeitsmerkmal und variiert von Individuum zu Individuum, in Abhängigkeit von den jeweiligen Lebenserfahrungen, der Erziehung und der persönlichen Sozialisation.

Das gilt im Übrigen auch für die beiden anderen Speicher, die noch zu besprechen sind.

Analog zum Eltern-Ich speichert ein Mensch typisch kindliche Kommunikationsinhalte und -weisen im Kind-Ich ab. Kinder kommunizieren meist sehr spontan und emotional, gelegentlich angepasst, zum Beispiel wenn Sie mit Autorität konfrontiert werden, manchmal aber auch trotzig und rebellisch.

Beispiele

»Guck mal, was ich zur Kommunion bekommen habe!« – »Boah, toll! Das will ich auch haben!«
(natürliches Kind)

Mutter, streng: »Kevin, du räumst jetzt sofort dein Zimmer auf!« – Kevin, kleinlaut: »Ja, Mama!«
(angepasstes Kind)

Mutter, streng: »Kevin, du räumst jetzt sofort dein Zimmer auf!« – Kevin, trotzig: »Nein, ich will mein Zimmer jetzt nicht aufräumen!«

Aus dem Fundus des Kind-Ichs schöpfen wir in unseren Gesprächen noch oft, auch wenn wir dem Kindesalter längst entwachsen sind.

Beispiele:

Mitarbeiter zu einem Kollegen: »Hast du den neuen Ferrari vom Chef gesehen? Was für ein geiles Teil!« – Kollege: »Der absolute Burner!«
(natürliches Kind bei beiden)

Chef: »Frau Eifrig, haben Sie den Drucker auch ausgeschaltet?« – Frau Eifrig: »Oh, ich weiß nicht. Ich schau gleich noch einmal nach, Herr Scheffe!«
(angepasstes Kind bei Frau Eifrig)

Chef: »Frau Eifrig, die Akte Müller ist verschwunden.« – Frau Eifrig: » Und was habe ich damit zu tun? Fragen Sie doch Frau Müller! Die kann sich auch mal kümmern!«
(rebellisches Kind)

Das Erwachsenen-Ich enthält ein Kommunikationsrepertoire, das erst mit der Reifung zum Erwachsenen erworben wird. Dort ist die sachliche, analytische, weitgehend emotionsfreie Kommunikation gespeichert, also nüchterne Sachfragen, vor allem W-Fragen, und Aussagesätze, in denen einfach nur Fakten festgestellt werden.

Beispiele:

Angestellter, sachlich: »Ich würde gerne den Vorschlag machen, dass wir ein Qualitätsmanagement einführen.« – Teamleiter: »Das ist sicher bedenkenswert. Haben Sie schon konkrete Vorstellungen?«

Student, sachlich: »Herr Professor, den dritten Schritt der Beweisführung habe ich nicht verstanden.«
Professor: »Ich erkläre es Ihnen gerne noch einmal.«

In unserer Alltagskommunikation greifen wir natürlich auch auf das Erwachsenen-Ich zurück.

Wenn wir mit jemandem sprechen, dann kommt das, was wir sagen, der Transaktionsanalyse zufolge immer entweder aus dem Eltern-Ich, aus dem Kind-Ich oder aus dem Erwachsenen-Ich. Um zu erkennen, woher die Aussage kommt oder stammt, sind wiederum auch die para- und extraverbalen Anteile zu analysieren. Hier gilt besonders: Der Ton macht die Musik bzw. bestimmt, aus welchem Ich-Zustand heraus jemand gerade spricht.

Beispiel:

Frau Eifrig, sachlich, ruhig, mit fester Stimme und den Gesprächspartner anblickend: »Ich werde noch einmal überprüfen, ob der Drucker ausgeschaltet ist.« (Erwachsenen-Ich)

Frau Eifrig, erbleichend, mit leiser Stimme und zitternden Händen: »Ich werde noch einmal überprüfen, ob der Drucker ausgeschaltet ist.« (Kind-Ich)

Wichtig ist nun Folgendes: Wir sprechen jemanden aus einem bestimmten Ich-Zustand heraus an, stimulieren damit aber bei unserem Gesprächspartner eine Reaktion aus dem komplementären Ich. Zum Beispiel spricht ein Vorgesetzter seine Sekretärin aus dem Eltern-Ich heraus an und provoziert damit psychologisch ein Feedback auf der Kind-Ebene. Sofern das bewusst geschieht, kann man auch sagen, dass der Chef seine Mitarbeiterin in die Rolle des abhängigen und untergeordneten Kindes drängt.

Ein weiteres Beispiel

Ehemann, zornig: »Ich habe dir schon tausendmal gesagt, dass du meine Hemden nicht mit Weichspüler waschen sollst, der nach Oleander riecht!« – Ehefrau, ängstlich: »Ja, Heinz! Das tut mit leid! Ich habe wieder nicht daran gedacht. Es kommt nicht wieder vor.«

Hier geriert sich der Ehemann mit seiner Aussage als strenger Vater (vgl. »Ich habe dir schon tausendmal gesagt, dass du deine Hausaufgaben sofort erledigen sollst!«). Damit entsteht ein gewisser psychologischer Druck auf seine Frau, in die Kindrolle zu schlüpfen und wie ein Kind beziehungsweise aus dem Kind-Ich zu antworten. Genau das tut sie auch. Sie gibt das angepasste Kind (vgl. »Ja, Papi! Ich werde es nicht wieder tun!«).

Man kann den Gesprächsausschnitt oder die Transaktion, wie es in der Sprache des Modells heißt, auch visualisieren (vgl. Abb. 3).

Abbildung 3
Transaktionsanalyse, parallele Transaktion

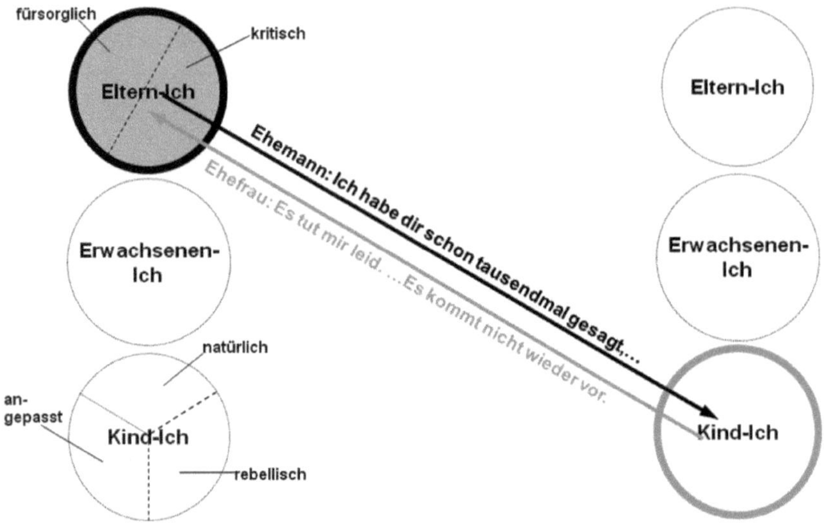

Bei der Betrachtung der obigen Abbildung wird augenfällig, warum man in einem solchen Fall von einer parallelen Transaktion spricht. Parallele Transaktionen können sich sehr lange fortsetzen. Die Ich-Zustände der Beteiligten passen ja zueinander, ergänzen sich in gewisser Weise, sind also psychologisch komplementär. Der Ehemann im letzten Beispiel kommuniziert wie ein strenger Vater, die Frau reagiert wie ein eingeschüchtertes Kind. Die nächste Aussage des Gatten wird daher wahrscheinlich erneut aus dem bei ihm angesprochenen Eltern-Ich kommen, zum ***Beispiel***:

»Wie oft willst du mir das noch versprechen? Wenn das noch einmal vorkommt, kannst du ausziehen!«

Wenn parallele Transaktionen einer bestimmten Art und Weise immer wieder und sehr häufig vorkommen, verfestigen sich die Rollenmuster der Beteiligten und die Beziehung bekommt einen spezifischen Charakter.

Sie können sich sicher vorstellen, wie sich zum Beispiel eine Ehe entwickelt, wenn der Mann permanent aus dem Eltern-Ich heraus kommuniziert und die Ehefrau aus dem Kind Ich, oder wie sich das Verhältnis zwischen einem patriarchalischen Chef und einem angepassten, gehorsamen Mitarbeiter entwickelt: klare Dominanz des einen, unterwürfige Unterordnung des anderen.

Das ist schlecht für die Person, die untergeordnet ist. Sie entwickelt in der Regel negative Emotionen und ein geringes Selbstwertgefühl. Es kann auch schlecht sein für die übergeordnete Person. Zwar wird sie sich überlegen fühlen und den eigenen Selbstwert aufbauen. Aber ist es als Chef wirklich erstrebenswert, kindliche, unselbstständige Mitarbeiter zu haben, denen es an Selbstbewusstsein mangelt?

Parallele Transaktionen von Eltern-Ich zu Kind-Ich erfordern in der Regel eine Selbstbehauptung der Partei, die in das Kind-Ich getrieben wird.
Die Selbstbehauptung erfolgt im Rahmen des Modells durch eine sogenannte gekreuzte Transaktion. Wenn das

Kind-Ich stimuliert wird, soll der so Angesprochene bewusst nicht aus diesem Ich-Zustand antworten, sondern aus dem Eltern-Ich oder dem Erwachsenen-Ich.

Beispiele:

Vorgesetzter, streng, zweifelnd: »Haben Sie den Drucker auch ausgeschaltet, Frau Eifrig?«
(Eltern-Ich)
Mitarbeiterin, sachlich, ganz ruhig: »Herr Scheffe, Sie brauchen mich nicht täglich daran zu erinnern. Es gehört seit Jahren zu meiner Feierabendroutine, die Bürogeräte auszuschalten, bevor ich Feierabend mache.« (Erwachsen-Ich)

Ehemann, zornig: »Ich habe dir schon tausendmal gesagt, dass du meine Hemden nicht mit Weichspüler waschen sollst, der nach Oleander riecht!« (Eltern-Ich)
Ehefrau, streng: »Stopp! Solange ich tagtäglich für dich sorge, dein Essen koche und deine Wäsche wasche, gehst du gefälligst respektvoll und höflich mit mir um! Sonst kannst du dir nämlich eine andere suchen, die deinen Dreck wegräumt!« (Eltern-Ich)

Abbildung 4

Transaktionsanalyse, gekreuzte Transaktion 1

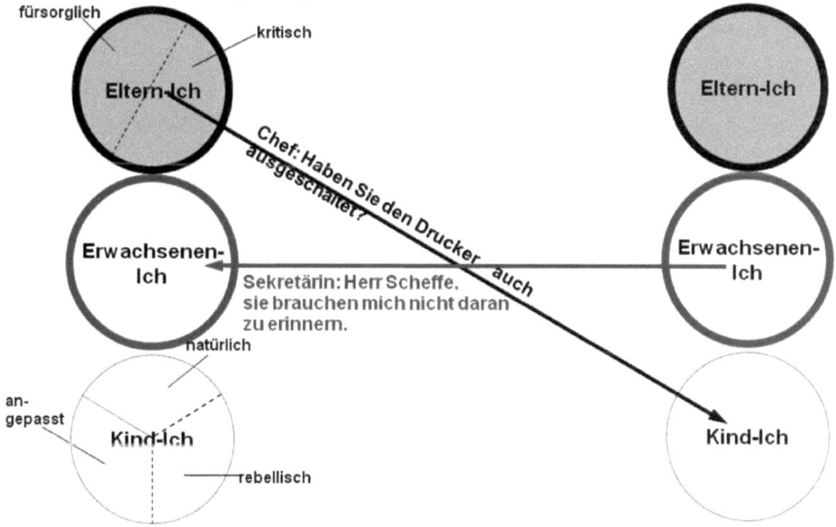

Abbildung 5

Transaktionsanalyse, gekreuzte Transaktion 2

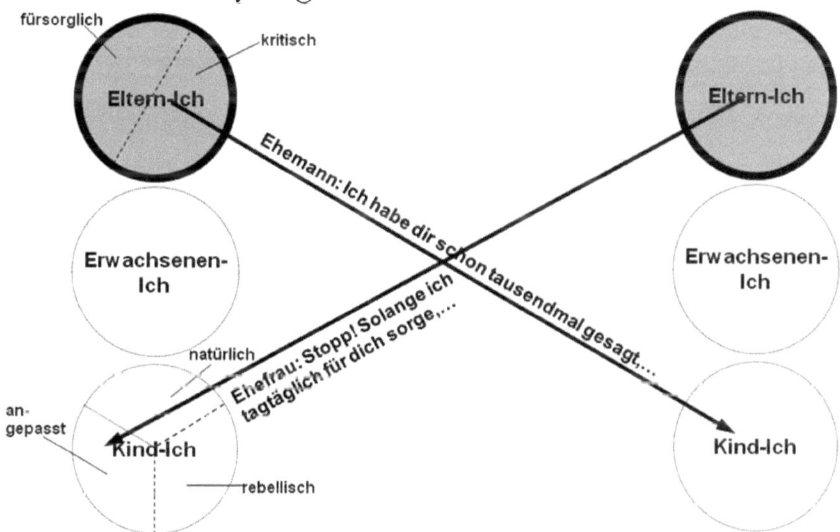

Gekreuzte Transaktionen werden sich, im Gegensatz zu den parallelen, nicht dauerhaft fortsetzen. Die Aussagen der Gesprächspartner ergänzen sich nämlich nicht, sind nicht komplementär, sondern eher konfrontativ. Das ist im Sinne der Selbstbehauptung auch gewünscht. Die Kommunikation von Eltern-Ich zu Kind-Ich, von oben nach unten und umgekehrt, soll bewusst unterbrochen werden, um eine neue Gesprächsebene und Beziehung zu etablieren. Und zwar wird ein Umgang zwischen Erwachsenen auf Augenhöhe angestrebt, eine Kommunikation von Erwachsenen-Ich zu Erwachsenen-Ich.

Dabei kann man den direkten Weg wählen, wie im ***Beispiel*** mit dem Chef und der Mitarbeiterin (vgl. Abb. 4). Frau Eifrig reagiert nicht aus dem von ihrem Vorgesetzten angesprochenen Kind-Ich, sondern ganz bewusst aus dem Erwachsenen-Ich. Das wird besonders durch den ruhigen und sachlichen Ton transportiert. Damit kitzelt sie bei ihrem Gesprächspartner natürlich auch den Erwachsenen. Im Idealfall wählt dieser jetzt ebenfalls eine Antwort aus dem Erwachsenen-Ich, und Frau Eifrig hätte ihr Ziel erreicht: ein Gespräch unter Erwachsenen auf Augenhöhe!

Konkret könnte das so ablaufen:

Vorgesetzter, streng, zweifelnd: »Haben Sie den Drucker auch ausgeschaltet, Frau Eifrig?«
(Eltern-Ich)

Mitarbeiterin, sachlich, ganz ruhig: »Herr Scheffe, Sie brauchen mich nicht täglich daran zu erinnern. Es gehört seit Jahren zu meiner Feierabendroutine, die Bürogeräte auszuschalten, bevor ich Feierabend mache.« (Erwachsen-Ich)

Vorgesetzter, ebenfalls ruhig und sachlich: »Okay! Ich werde mich in Zukunft darauf verlassen und sie nicht mehr daran erinnern!« (Erwachsenen-Ich)

Wenn der Chef nicht gleich auf die gewünschte Linie einschwenkt, müsste die Sekretärin seine Transaktionslinie hartnäckig immer wieder kreuzen, bis er schließlich auch aus dem Erwachsenen-Ich kommuniziert.

Man kann auch von vornherein einen Umweg wählen, um eine erwachsenenadäquate Verständigung auf Augenhöhe zu erreichen. Dabei schwenkt man nicht sofort auf die Erwachsenen-Schiene, sondern kreuzt die Transaktion, indem man erst selbst ins Eltern-Ich geht und den anderen als Kind anspricht (vgl. Abb. 5). Man dreht den Spieß also zunächst um. Das ist konfrontativer und sendet ein stärkeres Stopp-Signal gegenüber dem Dominanzstreben des Gesprächspartners. Bei dieser Strategie sind dann in der Regel mehrere gekreuzte Transaktionen nacheinander notwendig, um letztendlich, und das muss auch hier das Ziel sein, auf der Erwachsenen-Ebene miteinander zu sprechen.

Betrachten wir dazu noch einmal das ***Beispiel*** der streitenden Eheleute:

Ehemann, zornig: »Ich habe dir schon tausendmal gesagt, dass du meine Hemden nicht mit Weichspüler waschen sollst, der nach Oleander riecht!« (Eltern-Ich)

Ehefrau, streng: »Stopp! Solange ich tagtäglich für dich sorge, dein Essen koche und deine Wäsche wasche, gehst du gefälligst respektvoll und höflich mit mir um! Sonst kannst du dir nämlich eine andere suchen, die deinen Dreck wegräumt!« (Eltern-Ich)

Ehemann, empört: »In welchem Ton redest du mit mir? Ich bin schließlich immer noch dein Mann!« (Eltern-Ich)

Frau, jetzt ganz ruhig und sachlich: »Gut! Du bist mein Mann und ich bin deine Ehefrau. Ich schlage also vor, dass wir uns das wieder bewusst machen und höflich und sachlich miteinander umgehen. Ist das okay für dich?« (Erwachsenen-Ich)

Mann, ebenfalls wieder ruhiger: »Einverstanden! Aber dieser Oleander-Weichspüler, den kann ich wirklich nicht riechen.« (Erwachsenen-Ich)

Ehefrau: »Okay! Ich kaufe in Zukunft einen anderen.« (Erwachsen-Ich)

Nach mehrmaligem Kreuzen wird die Erwachsenen-Ebene schließlich erreicht.

Die Transaktionsanalyse hilft, ebenso wie das Vier-Seiten-Modell, beim Durchschauen einer Gesprächssituation. Während das Nachrichten-Quadrat es Ihnen jedoch vor allem ermöglicht, zu erkennen, ob überhaupt ein Angriff vorliegt und ob überhaupt Selbstbehauptung erforderlich ist, lässt sich mit der Transaktionsanalyse auch deutlicher ableiten, wie Sie sich in einer Situation konkret selbst behaupten können.

3 Allgemeine Voraussetzungen und Empfehlungen für die Selbstbehauptung in Gesprächen

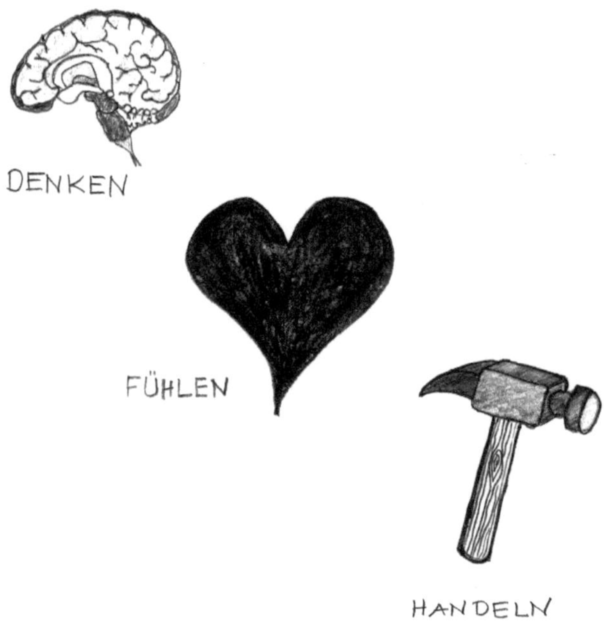

3. 1 Verhalten: Denken, Fühlen und Handeln

Wenn Sie selbst von sich denken, dass Sie sich in schwierigen Gesprächssituationen behaupten können, wenn Sie sich stark und selbstbewusst fühlen, dann werden Sie häufig auch so handeln.

Aber was, wenn der Glaube an sich selbst fehlt? Was, wenn Sie sich bei Attacken eher überfordert, hilflos oder schwach fühlen? Kann man Selbstbewusstsein und innere Stärke erlernen oder erwerben?

Man kann!

Eine Möglichkeit besteht darin, sich zu erinnern, und zwar an Situationen, in denen man sich gut behauptet hat.

Ich persönlich rufe mir in diesem Zusammenhang gerne zwei Anekdoten in Erinnerung:

Vor einigen Monaten: Beim Waldlauf tauchen plötzlich vor mir zwei Sportskameraden auf. Natürlich will ich die beiden überholen. Ich strenge mich mächtig an, komme heran, kann schließlich an dem Duo vorbeiziehen. Die beiden aber belächeln meinen Ehrgeiz nur. Der eine stößt seinen Kumpel mit dem Ellbogen an. Er sagt so laut, dass ich es hören kann: »Wollen wir ihm sagen, dass es schon unsere zweite Runde ist?« Ich drehe mich lächelnd um und erwidere: »Wie jetzt? Erst zwei Runden und schon so müde?«

Ich war zwar nur Opfer einer gutmütigen Frotzelei gewesen. Aber ich hatte blitzschnell und schlagfertig reagiert. Wenn ich mich daran erinnere, wird mit wieder bewusst, dass ich so etwas beizeiten gut kann. Das stärkt mein Ego. Es erhöht die Wahrscheinlichkeit, dass ich in der nächsten ähnlichen Situation auch wieder schlagfertig bin und mich nicht hinterher ärgere, dass mir spontan nichts eingefallen ist.

Bei einer anderen Gelegenheit wurde ich von der Leiterin einer Bildungseinrichtung kritisiert, weil ich als Dozent dieser Institution in den zurückliegenden Jahren selbst keine Weiterbildungsveranstaltung besucht hatte.

Ich antwortete: »Wenn Sie damit meinen, dass Seminare, die ich durchführe, immer voll ausgebucht sind und dass ich deshalb keine Zeit habe, selber Kurse zu besuchen, gebe ich Ihnen Recht!«

Die Leiterin war ganz baff und hat das Thema fallen lassen.

Auch an diese Episode denke ich gerne zurück, weil ich mich nicht in die Defensive habe drängen lassen. Im Gegenteil: Durch eine schnelle, schlagkräftige Replik war es mir gelungen, die Kritik im Keim zu ersticken.

So weit zu mir! Profitieren auch Sie von Erinnerungen an Gespräche, in denen Sie tatsächlich selbstbewusst, schlagfertig und stark reagiert haben! Kramen Sie in Ihrem Gedächtnis ruhig ein bisschen danach! Und wenn Sie fündig geworden sind, denken Sie immer wieder an diese Ereignisse zurück und führen Sie sich Ihre eigene Stärke damit vor Augen!

Mein Tipp: Führen Sie ein »Selbstbehauptungstagebuch«! Am Ende eines jeden Tages denken Sie darüber nach, ob es Gespräche gegeben hat, in denen Sie sich erfolgreich behauptet haben. Wenn das der Fall war, notieren Sie es bitte in Ihrem Tagebuch. Von Zeit zu Zeit nehmen Sie die Aufzeichnungen dann zur Hand, lesen darin und lassen Ihre Erfolge Revue passieren. Und jedes Mal werden Sie sich dabei Ihres Potenzials bewusst. Und jedes Mal tanken Sie Selbstbewusstsein.

Außerdem hilft Ihnen das Tagebuch auch ganz unmittelbar und direkt. Verbale Angriffe jeglicher Art wiederholen sich nämlich oft. Aussagen wie zum Beispiel »Frauen und Technik!«, »Idiot!« oder »Das klappt doch sowieso nicht!« hören Sie bestimmt häufiger im Leben. Wenn Sie aber einmal eine schlagfertige Antwort darauf gefunden haben, dann können Sie diese ja erneut verwenden, wenn wieder einmal jemand auf die Idee kommt, Sie so zu attackieren.

Autosuggestion ist ebenfalls eine Alternative, den Glauben an sich selbst zu entwickeln, sich selbstbewusst und stark zu machen.

Autosuggestion heißt Selbstbeeinflussung. Sie kann auf drei verschiedene Arten erfolgen.

Erstens: Sie sprechen sich selbst immer wieder Sätze laut vor, die den gewünschten Zustand oder das gewünschte Verhalten beschreiben. Fachleute nennen das verbale Affirmation.

Zweitens: Sie wiederholen solche Sätze häufig im Geiste. Das ist dann quasi eine Art innerer Sprechgesang. Die Experten sprechen von mentaler Affirmation.

Drittens: Sie stellen sich in Ihrer Fantasie Bilder vor, die den gewünschten inneren Zustand oder das gewünschte Verhalten veranschaulichen oder symbolisieren. Der Fachbegriff hierfür heißt mentale Visualisierung.

Eine bekannte autosuggestive Methode ist das autogene Training. Es kommt zum Einsatz, um Menschen zu mehr Ruhe und Entspannung zu verhelfen, und funktioniert etwa so:

Die Teilnehmer eines entsprechenden Kurses bringen sich in eine entspannte Liege- oder Sitzposition. Dann wird eine meditative Hintergrundmusik eingespielt und die Mitglieder der Trainingsgruppe werden vom Kursleiter zu einer Fantasiereise an einen schönen, ruhigen Ort ermutigt. Sie sollen sich zum Beispiel vorstellen, allein an einem Südseestrand zu liegen. Die Sonne scheint warm. Die Wellen rauschen.

Jetzt werden die Probanden zu einer tiefen, ruhigen Atmung angeleitet. Danach hören sie Formeln wie »Ich bin ganz ruhig«, »Mein rechter Arm ist warm und schwer«. Mit weiteren Formeln wird nach und nach der ganze Körper in einen entspannten, warmen Zustand versetzt.

Nach einer Weile wird man vom Trainer aus der Entspannung regelrecht »aufgeweckt«. Mit leichten gymnastischen Übungen wird der zuvor »heruntergefahrene« Kreislauf wieder auf Vordermann gebracht.

Mit zunehmendem Trainingsfortschritt lernen die Kursteilnehmer, diesen Prozess ohne Hilfe eines Anleiters selbstgesteuert zu durchlaufen.

Starke Gefühle, Anspannung und Stress können in Gesprächen zu Blockaden führen und sprachlos machen. Ruhe und Entspannung sind ein Gegenmittel und somit eine gute Voraussetzung für erfolgreiche Selbstbehauptung. Deshalb empfehle ich das autogene Training und andere autosuggestive Methoden mit ähnlicher Zielrichtung, wie Yoga oder progressive Muskelentspannung, ausdrücklich.

Sie können sich auch unmittelbar in Richtung Gelassenheit und Widerstandsfähigkeit beeinflussen. Blicken Sie sich jeden Morgen im Spiegel an, lächeln Sie und sagen Sie laut: »Ich bin stark und gelassen. Angriffe prallen an mir ab!« (verbale Affirmation)

Schließen Sie sodann die Augen und stellen Sie sich vor, wie um Sie herum eine durchsichtige Scheibe aus Panzerglas aufwächst. Sprechblasen mit Beleidigungen, Spitzen und Frotzeleien schweben auf Sie zu. Sie zerplatzen an der Scheibe! (mentale Visualisierung)

Wenn Sie sich ins Auto setzen, um ins Büro zu fahren, sprechen Sie auf der Fahrt in Gedanken immer wieder die Sätze »Ich bin gelassen und stark. Jeder Angriff prallt ab«. (mentale Affirmation, innerer Sprechgesang)

Wenn Sie das alles Tag für Tag so durchführen, programmieren Sie damit Ihr Unterbewusstsein. Sie werden sich immer häufiger so verhalten, wie Sie es sich vorgestellt und eingeredet haben.

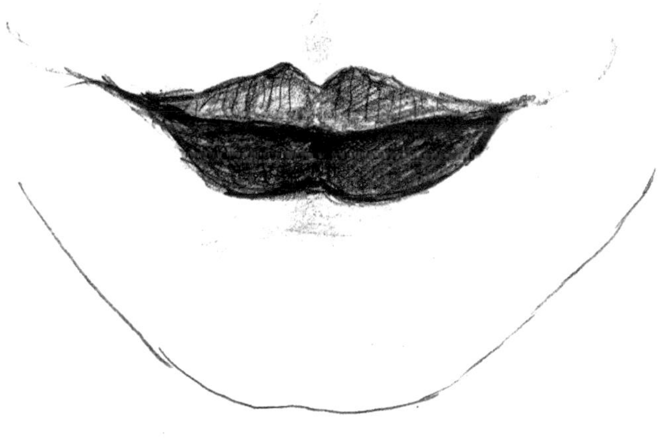

3.2 Verbale Kommunikation

Verbum ist lateinisch und heißt »Wort«. Verbale Kommunikation meint also Kommunikation mit Worten.

Eine Voraussetzung für erfolgreiche Selbstbehauptung ist es, dass man die richtigen Worte findet, dass man klare Worte findet, dass man verstanden wird.

Im Kontext Selbstbehauptung kommt dem Wort »ich« eine besondere Bedeutung zu. Indem Sie dieses Wort verwenden, zeigen Sie Selbstbewusstsein und Stärke. Sie verstecken sich nicht mit »man« oder »wir« hinter anderen, sondern treten hervor und übernehmen die Verantwortung für Ihr Statement.

Insbesondere wenn Sie einem Gesprächspartner ein Feedback zu einem Angriff geben (vgl. Kapitel 4.3.5, Feedback), sollten Sie immer eine Ich-Botschaft senden, also eine ausdrückliche Selbstoffenbarung. Verdeutlichen Sie, was die Handlung oder Aussage des anderen bei Ihnen bewirkt hat! »Ich« fühle mich angegriffen, beleidigt, verletzt, herabgesetzt, ungerecht behandelt, belästigt usw. So sprechen Sie es bitte an!

Ich-Botschaften haben auch den Vorteil, dass es dem Gegenüber oft leichter fällt, den Inhalt zu akzeptieren und darüber nachzudenken, als wenn Sie den gleichen Inhalt in Form einer Du-Botschaft an den Mann bringen.

»Du hast mich beleidigt!« ist ein Vorwurf. Der Angesprochene geht sofort in Verteidigungsstellung und keilt womöglich gleich zurück. »Quatsch! Mimöschen!«

»Ich fühle mich beleidigt.« – Hier redet der Sprecher ausdrücklich über sich selbst. Die Aussage ist weniger konfrontativ. Der Empfänger dieser Nachricht spürt weniger Druck, sich zu rechtfertigen. Er ist deshalb bereit, über den Inhalt der Nachricht nachzudenken.

Wörter und Formulierungen, die verbale Angriffe unterbrechen, stoppen und zurückweisen, sind ebenfalls bedeutsam.

»Nein!«, »Stopp!«, »Halt!«, »Auf keinen Fall!« oder »Im Gegenteil!« gehören zum Standardwortschatz der Selbstbehauptung. Damit setzen Sie jedem Angreifer klare Grenzen!

Greifen Sie sofort zu diesen Einspruchsvokabeln, wenn Sie eine Attacke spüren! Unterbrechen Sie also ruhig den Sprecher! Je länger Sie mit der verbalen Grenzziehung warten, desto schwieriger wird es in der Regel, dem Angreifer Einhalt zu gebieten.

Beispiele

Chef: »Herr Meier, Sie werden doch sicher heute Abend noch einmal länger bleiben, um den Arbeitsstau abzuarbeiten?« –
Mitarbeiter: »Nein. Ich habe schon viel zu viele Überstunden, die ich erst einmal abfeiern muss. Fragen Sie besser Herrn Müller!«

Männlicher Kollege: »Wow, Babsi! Du siehst ja heute wieder heiß aus? Wollen wir heute Abend …!« –
Kollegin: »Halt! Stopp! Du hast gesagt, ich sehe heiß aus. Ich empfinde das als sexuelle Belästigung. Bitte unterlasse solche Aussagen in Zukunft!«

Chef: Herr Mustermann, Ihre Leistung hat in den letzten Wochen deutlich nachgelassen.« –
Mitarbeiter: »Im Gegenteil! Mein Kollege ist jetzt schon seit Wochen erkrankt. Trotzdem schaffe ich mein Pensum. Zusätzlich übernehme ich noch einen beachtlichen Teil der Arbeit dieses Kollegen.«

Wenn Ihnen nach dem Einspruch auf die Schnelle keine Begründungen einfallen, lassen Sie den »Einspruch« zunächst ohne Begründung stehen! Wichtig ist in erster Linie die sofortige Grenzziehung. Argumente können im weiteren Gesprächsverlauf ggf. nachgeschoben werden.

Um verständlich und klar zu kommunizieren, sind kurze Sätze empfehlenswert. Gerade in emotional belasteten Situationen ist es schwer, lange und komplizierte Sätze zu formulieren. Ein Verhaspeln oder Stocken aber ist dem Ziel der Selbstbehauptung abträglich. Der Ausweg also: In der Kürze liegt die Würze! Kurze Sätze haben außerdem auch einen Vorteil für den Gesprächspartner: Sie sind im Allgemeinen verständlicher.

Beispiel

Chef: »Frau Böse, Sie werden doch sicher heute Abend länger bleiben, um den Arbeitsstau abzuarbeiten?«

Mitarbeiterin: »Ich sehe einerseits die Notwendigkeit durchaus ein, habe aber persönlich andererseits schon über 200 Überstunden angesammelt. Das könnte dann wieder zum Problem werden, wenn ich die Stunden abfeiern will, und außerdem bin ich mir zu 70 Prozent sicher, dass Kollegin Liebe weniger Überstunden hat, und deswegen würde ich vielleicht vorschlagen wollen, dass … äh … Sie vielleicht … äh … Frau Liebe fragen?«

Frau Böse gerät am Schluss ins Stocken. Die lange Antwort klingt zudem sehr unsicher. Der Chef wird sich womöglich versucht fühlen, noch ein bisschen mehr Druck auszuüben.

Besser wäre folgende Variante:

Chef: »Frau Böse, Sie werden doch sicher heute Abend länger bleiben, um den Arbeitsstau abzuarbeiten?«

Mitarbeiterin: »Nein, auf keinen Fall! Ich habe schon über 200 Überstunden!«

Mit zwei kurzen Sätzen macht Frau Böse Ihren Standpunkt unmissverständlich klar.

Allegro

3.3 Paraverbale Kommunikation

»Para« kommt aus dem Griechischen und bedeutet so viel wie »bei, nebenher, neben«. Die paraverbale Kommunikation bezieht sich auf stimmlich-klangliche Merkmale, die das Sprechen von Wörtern und Sätzen zwangsläufig begleiten. Dazu zählen die Tonlage, das Sprechtempo, die Lautstärke, die Melodie und die Artikulation. Auch die paraverbale Kommunikation trägt dazu bei, einer Nachricht Bedeutung zu verleihen.

Menschen mit einer tiefen, dunklen Stimme fällt es etwas leichter, sich zu behaupten, denn diese Stimmlage wird mit Stärke, Vitalität und Kompetenz assoziiert. Wer über eine hellere Stimme verfügt, sollte dann zumindest langsam sprechen, sonst entsteht schnell der Eindruck von Hektik und Nervosität. Schlecht für die Selbstbehauptung!

Sprechen Sie laut und deutlich, wenn Sie Grenzen setzen wollen! Betonen Sie die Signalwörter für Einspruch wie »Stopp!« oder »Nein!«, indem Sie etwas lauter werden und danach eine kleine Wirkpause setzen!

3.4 Extraverbale Kommunikation

Die lateinische Vokabel »extra« bedeutet »außer, außerhalb«. Extraverbale Kommunikation beinhaltet somit die Kommunikationsanteile, die nichts mit Wörtern, also mit Sprache, und den damit untrennbar verbundenen sprachbegleitenden Merkmalen zu tun haben. Das sind vor allem die Körpersprache und der Körperausdruck.

Von Körpersprache redet man, wenn Körperbewegungen, Gesten, Gesichtsausdrücke oder Haltungen wie Wörter eingesetzt werden, also als Zeichen, mit denen eine bestimmte Bedeutung verbunden ist. Das Schütteln des Kopfes ist Körpersprache im engeren Sinn, ebenso das Nicken. Das Kopfschütteln heißt in unserer Kultur nämlich eindeutig »Nein!« und kann verstärkend, aber eben auch anstelle des Wortes mit dieser Bedeutung verwendet werden. Nicken heißt natürlich »Ja!«.

Anders verhält es sich, wenn ein Mensch die Schultern hängen lässt und die Mundwinkel leicht nach unten zieht. Auch dies wird von den Mitmenschen interpretiert, zum Beispiel als Trauer. Aber die Interpretation ist nicht so eindeutig wie beim Nicken oder Kopfschütteln. Hängende Schultern und herabgezogene Mundwinkel können zum Beispiel auch als körperliche Müdigkeit oder Unlust gedeutet werden. Deshalb sind diese Merkmale als Sprachersatz prinzipiell eher ungeeignet. Man spricht deshalb auch nicht von Körpersprache, sondern von Körperausdruck.

Im Rahmen der extraverbalen Kommunikation unterscheidet man die Bereiche Mimik (Gesichtsausdruck, Blick), Gestik (Haltung und Bewegungen von Armen, Händen und Beinen), Kinesik (Körperhaltung und -bewegung) und Proxemik (Verhalten im Raum).

Wer sich selbst behaupten will, sollte den Gesprächspartner direkt anschauen, gerade in Konfliktsituationen. Das zeigt: »Ich habe keine Angst vor der Auseinandersetzung.« Das Senken des Blickes oder das Wegschauen signalisiert hingegen Angst oder Unterwerfung.

Hochgezogene Augenbrauen und geweitete Augen zeigen dem Gesprächspartner, dass er mit seiner Aussage vielleicht in ein Fettnäpfchen getreten ist oder eine Grenze überschritten hat.

Ob Sie lächeln sollten oder nicht, hängt vor der Art und Schwere der verbalen Attacke ab. Eine Frotzelei, eine spitze oder ironische Bemerkung können Sie schon einmal mit einem gelassenen oder ironischen Lächeln quittieren. Das reicht unter Umständen, um Souveränität zu zeigen und den Angriff ins Leere laufen zu lassen.

Im Falle von sexuellen Anzüglichkeiten, Beleidigungen, pauschaler oder extrem ungerechter Kritik sollten Sie nicht lächeln, sondern ihr Gegenüber sehr ernst anschauen, vielleicht die Augenbrauen etwas zusammenziehen und die Stirn in Falten legen.

Wie weiter oben ausgeführt, gibt es bei der verbalen Kommunikation ein Einspruchsvokabular, das Sie mit entsprechenden Selbstbehauptungsgesten unterstützen können.

Wenn Sie dem anderen auf Brusthöhe die Handfläche abwehrend entgegenhalten, sagen Sie damit: »Halt! Bis hierher und nicht weiter!«

»Schluss damit!« verdeutlichen Sie, indem Sie in Bauchhöhe die nach unten gerichteten Handflächen kreuzen und die Hände aus dieser Position energisch von innen nach außen führen.

Wenn Sie »nein« sagen wollen, schütteln Sie den Kopf, heben verbietend den Zeigefinger und bewegen ihn mehrfach hin und her!

Nehmen Sie die Schultern zurück und richten Sie den Oberkörper auf! Halten Sie den Kopf gerade und blicken Sie den Gesprächspartner direkt an!

Bei Unterhaltungen im Stehen achten Sie auf einen schulterbreiten Stand bei gleichmäßiger Verteilung des Gewichts auf beide Beine.

Im Sitzen sollten die Füße mit ganzer Sohle auf dem Boden aufsetzen. Zwischen Ferse und Boden ist im Idealfall ein rechter Winkel, ebenso im Knie zwischen Ober- und Unterschenkel sowie zwischen Bauch und Oberschenkel. Die Hände liegen locker und unverkrampft auf den Oberschenkeln. Nutzen Sie mit dem Gesäß die ganze Sitzfläche!

Wollen Sie einschreiten und den anderen unterbrechen, beugen Sie bitte aus der aufrechten Sitzposition heraus den Oberkörper auf die angesprochene Person zu!

Findet das Gespräch im Stehen statt, sollten Sie einen Schritt in Richtung des Gegenübers machen.

Dass Sie zuhören und offen für Argumente sind, können Sie durch die Lasset-die-Kindlein-zu-mir-kommen-Gestik anzeigen: ausgebreitete Arme, in den Ellbogen gebeugt, nach oben weisende, offene Handflächen.

Um Grenzen zu ziehen und sich kämpferisch zu zeigen, kann es aber auch einmal sinnvoll sein, sich zu schließen. Dazu kreuzen Sie bewusst die Arme vor der Brust. Das sollte aber nicht die Standardhaltung sein, da Sie sonst sehr schnell in die Schublade »verschlossen, beleidigt, nicht kritikfähig« gesteckt werden.

Zu beachten ist, dass die Wirkung erst durch die Gesamtheit aller kommunikativen Elemente entsteht, also durch das Zusammenspiel der verbalen, paraverbalen und extraverbalen Kommunikation. Dabei sind Einzelmerkmale zum Teil durch andere Merkmale ersetzbar. Im Klartext: Wenn Sie Schwierigkeiten haben oder es Ihnen gar nicht liegt, lauter zu werden, können Sie sich dennoch selbst behaupten, indem Sie die richtigen Worte finden und einen selbstbewussten Körperausdruck, eine selbstbewusste Körpersprache zeigen. Das gilt natürlich auch umgekehrt.

4 Techniken

Unter Techniken verstehe ich hier rhetorische Mittel, spezielle Formulierungen und Strukturen, die sich zur Selbstbehauptung eignen.

Dabei möchte ich vier Gruppen unterscheiden, nämlich

- humorvolle Techniken,
- offensive und konfrontative Techniken,
- Versachlichungstechniken,
- Argumentationstechniken.

4.1 Humorvolle Techniken

4.1.1 Zwei-Silben-Technik

Eine Person greift Sie (vermeintlich, halb) scherzhaft an. Sie reagieren mit einem souveränen Lächeln und zwei lässigen Silben. Mehr brauchen Sie nicht zu tun oder zu sagen! Entweder lassen Sie Ihr Gegenüber danach einfach stehen oder Sie setzen die Unterhaltung so fort, als habe es die dumme Bemerkung gar nicht gegeben, oder Sie lenken das Gespräch in sachliche, konstruktive Bahnen.

Beispiel A

Frau Flitzer steht ratlos vor dem Kaffeeautomaten im Gang eines Bürogebäudes. Sie hat Geld eingeworfen, ein Kaffeegetränk ausgewählt und auf O.K. gedrückt. Aber es tut sich nichts. Kollege Schwätzer kommt vorbei, erkennt die Situation und bemerkt mit einem breiten Grinsen: »Frauen und Technik!« Frau Flitzer schaut ihm in die Augen und erwidert lächelnd: »***Is klar***!« Dann wendet Sie sich wieder dem Automaten zu.

Mit der lässigen Zwei-Silben-Antwort wischt die Dame Schwätzers Aussage einfach weg, nach dem Motto: Ein blöder Spruch! Langweilig! Kratzt mich nicht!

Alternativ könnte sie noch eine ironische Bemerkung machen und eine konstruktive Wendung herbeiführen, zum Beispiel so:

Herr Schwätzer: »Frauen und Technik!«

Frau Flitzer: »***Is klar***! – Dann demonstrieren Sie doch jetzt mal die technische Überlegenheit Ihres herrlichen Geschlechts und helfen mir, den Automaten zu überlisten!«

Auch hier zeigt Frau Flitzer, dass sie sich nicht getroffen fühlt und den Spruch keineswegs ernst nimmt. Darüber hinaus holt sie sich aber auch noch Unterstützung in ihrer misslichen Lage.

Beispiel B

Herr Spät erscheint schwer atmend in letzter Minute an seinem Arbeitsplatz. Kollege Zank bemerkt süffisant: »Du kommst auch immer auf den letzten Drücker!« Seine Antwort: »***So, so***!«

Auch hier wird der Hinweis des Herrn Spät mit zwei Silben vom Tisch gefegt: uninteressant, kein Grund sich damit auseinanderzusetzen oder sich gar zu ärgern!

Beispiel C

Frau Süßlich steht im Fahrstuhl neben Kollegin Hübsch. Sie schnuppert, rümpft ein wenig die Nase und sagt: »Dein Parfum riecht aber gar nicht gut!«

Frau Hübsch sagt: »***Aha***! – Um wie viel Uhr sollen wir uns heute eigentlich zur Besprechung des Jahresbudgets treffen?«

Das »Aha« signalisiert: Das ist für mich nicht relevant. Mit der anschließenden Sachfrage wird dieses Signal noch verstärkt und Frau Hübsch lenkt das Gespräch in sachliche Bahnen.

Die Zwei-Silben-Technik ist eine empfehlenswerte Strategie, wenn Nichtigkeiten oder Kleinigkeiten zu einem Vorwurf hochstilisiert werden, bei dummen Sprüchen und gegenüber Gesprächspartnern, die hierarchisch nicht übergeordnet sind.

Man mag sich fragen, ob Aussagen wie »Frauen und Technik« überhaupt einen Angriff darstellen und Selbstbehauptung erfordern. Ich denke dazu Folgendes: Wenn Sie sich bei derartigen Sprüchen oft unsicher verhalten, rot werden, stottern oder wenn Sie die Aussagen auf sich beziehen und sich ärgern, dann wird das Ihre Stellung in der Gruppe mittel- und langfristig beeinträchtigen. Außerdem wird es die Durchsetzung Ihrer Interessen erschweren und Ihrer Selbstachtung schaden. Sollten Andere bemerken, dass Sie Schwierigkeiten haben, mit solchen Dingen umzugehen, könnten diese das sogar gezielt ausnutzen. Mit zwei Silben behaupten Sie sich souverän und ersparen sich die Probleme!

Übung 1

Denken Sie sich zu den unten beschriebenen Situationen und Gesprächsanfängen jeweils einen kleinen Dialog aus! Dabei soll die angesprochene Person mit der Zwei-Silben-Technik antworten. Eine Fortsetzung der Unterhaltung wie in den o.g. Beispielen ist optional. Bitte notieren Sie die Dialoge und vergleichen Sie sie mit den Lösungsvorschlägen!

1. Ein Mann steht in der Küche am Bügelbrett und bügelt. Gleichzeitig telefoniert er. Auf dem Herd steht ein Topf mit Milch. Als die Milch überkocht, grinst die Ehefrau und sagt: »Männer und Multitasking!«.

2. Als Herr Peinlich ins Büro kommt, sitzen sich die Kolleginnen Sprech und Blasius gegenüber und unterhalten sich über die Urlaubserlebnisse von Frau Blasius. Peinlich kommentiert dies mit den Worten: »Frauen und Tratsch! Das passt zusammen wie Pott und Deckel!«

3. Herr Genau zu seinem Arbeitskollegen: »Mir ist aufgefallen, dass du in deinen Briefen das Wort ‚Grüße' jedes Mal mit Doppel-s schreibst. Das entspricht nicht den Regeln der Rechtschreibung.«

4. Herr Lässig kommt aus einer Besprechung mit der Chefin zurück an seinen Arbeitsplatz. Kollege Traugott stichelt: »Na? Hast du dich wieder eingeschleimt?«

5. Die Auszubildende Neu schaut kurz auf ihr Handy. Der ältere Kollege Grantig bemerkt: »Die Jugend von heute! Total handysüchtig!«

Lösungsvorschläge auf S. 179

4.1.2 Umleitungsfrage

Eine Person greift Sie mit einer ironischen, spitzen oder kritischen Bemerkung an. Sie gehen darauf gar nicht ein, sondern stellen bewusst eine Frage zu einem völlig anderen Thema. So signalisieren Sie, dass Sie sich nicht auf eine Diskussion zu dem Angriff einlassen wollen. Manchmal verwirren Sie den Angreifer damit auch, sodass er verdattert von der Attacke absieht.

Beispiel A

Herr Frotzel zu Herrn Sparbier, der sich gerade einen Gebrauchtwagen gekauft hat: »Was hast du dir denn da für eine Schrottkarre zugelegt?«

Herr Sparbier daraufhin: »Sag mal, ***was hältst du eigentlich von Elsässer Kräuterbutter?***«

Frotzel: »Wie bitte? Was hat das jetzt mit deinem Auto zu tun?«

Sparbier: »Tja, denk noch einmal genau darüber nach!«

Sparbier reagiert gar nicht auf die provozierende Frage seines Gegenübers, sondern stellt eine völlig abseitige Gegenfrage, die ganz offensichtlich überhaupt nichts mit der Substanz des Angriffs (Schrottkarre!) zu tun hat. Frotzel kann diese Replik nicht verstehen, fragt nach dem Sinn und erhält eine kryptische Aufforderung, die ihn dumm und hilflos aussehen lässt.

Übrigens müssen Sie sich nicht in jeder Situation eine neue Umleitungsfrage ausdenken. Sie haben es ja jedes Mal mit anderen Angreifern zu tun. Für diese ist zum Beispiel die Frage nach der Elsässer Kräuterbutter immer neu und überraschend. Sie können sie also in geeigneten Situationen blitzschnell und damit umso wirkungsvoller aus Ihrem Selbstbehauptungsrepertoire abrufen.

Beispiel B

Zwei Mütter sind mit ihren Kindern auf dem Spielplatz. Sie sind miteinander bekannt. Nachdem die eine, Frau Jules, mehrfach erfolglos ihren kleinen Sohn zu sich ruft, sagt die andere, Frau Lämpel: »Du hast deinen Kleinen aber auch gar nicht im Griff!«

Jules antwortet: »Sag mal, ***was hältst du eigentlich von der neuen Elsässer Kräuterbutter?***«

Lämpel: »Elsässer Kräuterbutter? Wo gibt es die?«

Jules: »Habe ich gestern bei Laldi gekauft. Sehr lecker! Musst du auch probieren!«

Hier hat die Angreiferin die Umleitungsfrage ernst genommen, was auch passieren kann. Das Gespräch dreht sich plötzlich tatsächlich um die fiktive Kräuterbutter. Frau Jules kann sich innerlich totlachen. Das kritische Thema »Autorität gegenüber dem Kind« ist jedenfalls vom Tisch.

Beispiel C

Diesmal verläuft die Unterhaltung zwischen den beiden Müttern anders.

Lämpel: »Du hast den Kleinen habe auch gar nicht im Griff«

Jules: »Sag mal, ***wie findest du eigentlich George Clooney? So als Mann?***«

Lämpel: »Lenk nicht vom Thema ab!«

Jules: »Tue ich das? Dann solltest du vielleicht einmal darüber nachdenken, warum!«

Lämpel erkennt hier die Umleitungsstrategie und spricht die Ablenkung ausdrücklich an. Mit der Antwort (Denk nach, warum!) gibt ihre Gesprächspartnerin ihr hier den Impuls zu einer kritischen Selbstreflexion. Im weiteren Verlauf der Unterhaltung könnte Frau Jules eventuell ein sachliches Feedback hinzufügen, etwa so:

»Du hast gesagt, dass ich meinen Kleinen nicht im Griff habe. Dadurch fühle ich mich als Mutter in meiner erzieherischen Kompetenz angegriffen. Ich denke, dass die Erziehung meines Kindes meine Angelegenheit ist. Und ich strebe dabei nicht an, mein Kind *im Griff* zu haben. Halte dich bei diesem Thema doch bitte etwas zurück!«

Die Umleitungsfrage führt allerdings nicht notwendigerweise zur Klärung eines Vorwurfs oder Problems. Insofern sollten Sie sie einsetzen, wenn eine Klärung auch nicht unbedingt erforderlich ist, also beispielsweise bei unbedeutenden Kritikpunkten oder in eher unwichtigen Beziehungen.

Übung 2

Überlegen und notieren Sie sich bitte einen Dialog, in dem eine Umleitungsfrage als Selbstbehauptungsstrategie vorkommt!

Lösungsvorschläge auf S. 181

4.1.3 Nonsens-Kommentar mit erfundenem Fremdwort

Jemand attackiert oder ärgert Sie. Sie kommentieren das unter Verwendung eines erfundenen Fremdwortes oder Fachbegriffs. Das Ziel dabei: Der Angreifer soll verunsichert werden und zunächst einmal in Sprachlosigkeit verfallen. Er wird das Wort nicht kennen, denn Sie haben es ja erfunden. Er wird sich vielleicht auch nicht hundertprozentig sicher sein, ob es den Begriff gibt. Viele Menschen geben sich in einer solchen Situation dann keine Blöße und halten in der Folge lieber den Mund. Fragt ein Gesprächspartner doch nach dem Sinn, kann man ihn mit einem überraschten »Wie? Das kennst du nicht? Dann google mal!« ins Nirwana schicken.

Beispiel A

Während einer Teambesprechung macht Frau Bunt den Vorschlag, einmal im Jahr mit der gesamten Abteilung eine Teambuilding-Maßnahme durchzuführen.

Frau Besserwiss verdreht die Augen und sagt: »Das bringt doch nichts!«

Bunt: »Frau Besserwiss, betrachten Sie das Ganze doch einmal ***unter dem ideomanipulatorischen Gesichtspunkt!***«

Besserwiss schweigt verunsichert.

Bunt: »Sehen Sie! Da erscheint der Vorschlag gleich in einem ganz anderen Licht!«

Frau Bunt wird mit einer Killerphrase (»Bringt doch nichts!«) konfrontiert und wendet hier die Technik mit dem frei erfundenen Fremdwort an (»ideomanipulatorisch«).

Tatsächlich macht sie Frau Besserwiss damit mundtot und setzt mutig noch eine Bemerkung obendrauf (»Sehen Sie!«). Frau Bunt steht als souveräne Fachfrau da. Ihre Kollegin Besserwiss wirkt einfach hilflos.

Natürlich könnte Letztere auch anders reagieren, zum Beispiel könnte sie das bewusste Wort hinterfragen.

Beispiel B

Besserwiss. »Das bringt doch nichts!«

Bunt: »Frau Besserwiss, betrachten Sie das Ganze doch einmal ***unter dem ideomanipulatorischen Gesichtspunkt***!«

Besserwiss: »Was meinen Sie damit genau?«

Bunt: »Das liegt doch auf der Hand. Denken Sie einmal darüber nach!«

Hier hinterfragt Frau Besserwiss jetzt den Kommentar mit dem merkwürdigen Wort. Aber Frau Bunt tut ihr nicht den Gefallen, die Frage zu beantworten. Sie suggeriert einen Sinn (»Liegt auf der Hand!«) und bringt Frau Besserwiss mit dem Appell (»Denken Sie nach!«) erneut unter Zugzwang.

Tatsächlich funktioniert die Technik am besten, wenn Sie den Anschein eines sinnvollen Inhaltes Ihres Nonsens-Wortes unter allen Umständen aufrechterhalten.

Beispiel C

Automobilverkäufer Nüchtern zum Kollegen Wach: »Deine Präsentation unseres neuen Fiort Xtreme hat mir aber gar nicht gefallen.«

Wach: »Die Präsentation setzt voll ***auf den autofuturativen Kognitionseffekt***. Dadurch werden die Kunden in den kommenden Tagen zu einer positiven Kaufentscheidung kommen.«

Nüchtern: »Was für ein Effekt?«

Wach: »Der autofuturative Kognitionseffekt! Dieses wissenschaftliche Konzept stammt aus Japan und wird dort sehr erfolgreich angewandt. Du solltest dich einmal damit beschäftigen!«

Auch hier wird auf eine Kollegenkritik wieder die Technik ‚Nonsens-Kommentar mit erfundenem Fremdwort' eingesetzt (»autofuturativer Kognitionseffekt«), und auch hier versucht Herr Wach den Eindruck zu verfestigen, dass es den Begriff tatsächlich gibt und dass sein Kollege diesbezüglich eine Wissenslücke hat.

Derartige Wortneuschöpfungen können Sie aus tatsächlich vorhandenen Fremdwörtern zusammensetzen, was Ihnen dann auch oft die Möglichkeit verschafft, aus dem Sinn der Teile einen vermeintlichen Sinn des Ganzen zu konstruieren: »Auto« heißt »selbst«, »Futur« bedeutet »Zukunft«, »Kognition« meint »mentale Prozesse« und »Effekt« entspricht »Wirkung«. Also kann Wach den »autofuturativen Kognitionseffekt« so erklären, dass die Kunden selbst in der Zukunft über den Nutzen nachdenken und zu einer Kaufentscheidung kommen. Klingt doch plausibel!

Sollte die Hochstapelei doch entlarvt werden, stehen Sie einfach zu Ihrem Witz. Mit einem leicht dahingeworfenen »Spaß muss doch sein, nicht wahr?« zeigen Sie Ihre Souveränität und die ursprüngliche Kritik an Ihnen ist sowieso schon aus dem Fokus geraten.

Den Nonsens-Kommentar sollten Sie dann in Betracht ziehen, wenn die zugrunde liegende Angelegenheit nicht allzu ernst ist, eher gegenüber gleichrangigen als gegenüber höhergestellten Personen. Ist das Bildungsniveau des Angreifers überschaubar, wird seine Unsicherheit bei Verwendung eines erdachten Fremdwortes wahrscheinlich am größten sein. Er wird sich nicht trauen, die Attacke fortzusetzen.

Übung 3

1. Überlegen und notieren Sie sich bitte einen Dialog, in dem der Nonsens-Kommentar mit dem erfundenen Fremdwort demonstriert wird!

2. Mixen Sie fünf neue Fremdwörter aus den folgenden Begriffen:

Anthologie
Synopse
Klimakterium
Hypothyreose
Hyperventilation
Syntax
Assimilation
Integration
Tachykardie
Inklusion
Autismus
Konditionierung
anaerob
Numismatik.

Lösungsvorschläge auf S. 182

4.1.4 Nonsens-Sprichwort

Sie antworten auf eine Attacke oder eine Kritik mit einem erfundenen, völlig sinnlosen Sprichwort. Jeder Mensch, auch Ihr Gegenüber, sucht in der Kommunikation nach dem Sinn in den Aussagen des Gesprächspartners. Den wird der Angreifer in Ihrem Sprichwort allerdings nicht finden. Die Folge: Sprachlosigkeit! Sie haben sich behauptet. Manchmal traut sich der Angreifer, nach dem Sinn zu fragen. Dann können Sie weise erwidern: »Denken Sie einmal einige Stunden darüber nach und Sie werden die Bedeutung erkennen!«

Beispiel A

Kollege Neid: »Was? Du hast du hast dir einen Mini-SUV gekauft? Kannst du dir kein größeres Auto erlauben?«

Herr Witzigmann: »***Die Glocken schlagen einem weit anders, wenn der Meister vom Himmel fällt!***«

Neid guckt verwirrt aus der Wäsche und sagt nichts mehr.

Hier hat Herr Witzigmann es mit einer Anspielung auf seine fehlende finanzielle Potenz zu tun, ein nicht allzu ernst zu nehmender, aber giftiger Pfeil in seine Richtung. Er reagiert mit einem sinnfreien, erdachten Spruch, den Herr Neid natürlich nicht kennt und nicht versteht. Verunsichert bricht er den Angriff ab.

Beispiel B

Frau Natter, mit einem maliziösen Lächeln: »Kann es sein, dass du im Urlaub ein bisschen zugelegt hast?«

Frau Unschuld, ihre Arbeitskollegin: »***Wer den Aal hat am Schwanz, dessen Grube füllt sich ganz!***«

Frau Natter: »Was?«

Frau Unschuld zwinkert ihr lächelnd zu: »Denk noch einmal darüber nach!«

Auch hier wird Frau Unschuld zum Opfer einer kleinen, gemeinen Anspielung. Ihre Reaktion mit dem Nonsens-Sprichwort führt zu einer etwas ratlosen Nachfrage. Mit der Empfehlung, noch einmal darüber nachzudenken, schickt Frau Unschuld ihren Widerpart in eine gedankliche Endlosschleife. Frau Natter wird niemals den Sinn des Sprichwortes erkennen, weil es ihn ja nicht gibt.

Beispiel C

Herr Nüchtern auf einer Betriebsfeier: »Kollege Launig, Ihr Witz war das Unlustigste, was ich in den vergangenen zehn Jahren gehört habe.«

Launig: »***Wer den Kuckuck nicht hört, bei dem läuft es verkehrt!***«

Verunsichert schweigt Herr Nüchtern.

Es gibt wenig Peinlicheres und Unangenehmeres, als ins Gesicht gesagt zu bekommen, man habe einen schlechten Witz erzählt. Genau das passiert Herrn Launig hier und er sieht sich in der Situation, sich behaupten zu müssen. Sein Nonsens-Sprichwort verunsichert Herrn Nüchtern stark.

Es scheint irgendwie ein Gegenangriff darin verborgen zu sein (»…, bei dem läuft es verkehrt.«), dessen Substanz man aber nicht so recht greifen kann. Kein Wunder, dass Nüchtern sich entscheidet, lieber den Mund zu halten.

Den Anwendungsbereich dieser Technik kann mit den beiden Hinweisen »Angriff inhaltlich nicht allzu ernst zu nehmen« und »nicht gegenüber übergeordneten Personen« eingrenzen. Wenn Gleichrangige oder Unbekannte ein bisschen Gift verspritzen wollen und kleine Gehässigkeiten oder dumme Sprüche ablassen, ist das Nonsens-Sprichwort oft eine passende Reaktion.

Solche Nonsens-Sprüche müssen Sie sich nicht spontan ausdenken. Sie sollten sich drei im stillen Kämmerlein zusammenbasteln, beispielsweise durch Mixen von zwei echten, bekannten Sprichwörtern. Diese drei Nonsens-Sprüche lernen Sie bitte auswendig. Dann können Sie jederzeit darauf zurückgreifen.

Schauen Sie sich bitte dazu noch einmal das Beispiel A an: »Die Glocken schlagen einem weit anders, wenn der Meister vom Himmel fällt!« – Dieser Unsinn setzt sich zusammen aus den bekannten Sprichwörtern »Die Glocken schlagen einem weit anders, wenn der Freund stirbt« und »Es ist noch kein Meister vom Himmel gefallen«.

Übung 4

1. Überlegen und notieren Sie sich bitte einen Dialog, in dem das Nonsens-Sprichwort als Selbstbehauptungstechnik demonstriert wird!

2. Mixen Sie drei unsinnige Sprichwörter aus den folgenden bekannten:

Abwarten und Tee trinken!
Adel verpflichtet!
Auf der Kanzel ist der Mönch keusch.
An der Leine fängt der Hund keinen Hasen.
Auch Rom wurde nicht an einem Tag erbaut.
Beiß nicht in die Hand, die dich füttert!
Braune Augen sind gefährlich, aber in der Liebe ehrlich!
Blut ist dicker als Wasser!
Der Krug geht so lange zum Brunnen, bis er bricht.
Der Knochen kommt nicht zum Hund, sondern der Hund zum Knochen.

Lösungsvorschläge auf S. 183

4.1.5 Übersetzen mit Witz

Ihr Gegenüber greift Sie mit einem herabsetzenden Begriff an. Sie überlegen sich positive Assoziationen und Bedeutungen zu dem Begriff und formulieren dann die Antwort: »Sie haben Recht + positive Bedeutung!« Das führt in der Regel zu einer witzigen Replik, die der Situation die Schärfe nimmt und Ihnen ein Lächeln oder einen Lacher einbringt.

Beispiel A

Herr Streng zum Kollegen Leger: »Ach, hören Sie doch auf. Sie sind doch eine ***Pfeife***!«

Herr Leger stellt sich die Frage, welche positiven Eigenschaften eine Pfeife hat, welche positiven Handlungen eine Pfeife ermöglicht. Seine Ideen: Mit einer Pfeife kann man Töne erzeugen, Musik machen, Menschen unterhalten, »den Ton angeben« im Sinne von eine Gruppe leiten (Schiedsrichter, Trainer).

Er antwortet: »***Sie haben Recht, Herr Streng, einer muss ja hier den Ton angeben***!«

So wendet Herr Leger den Angriff ins Positive und hat noch die Lacher auf seiner Seite!

Beispiel B

Während einer hitzigen Diskussion über einen neuen Arbeitsablauf in der Produktion unterbricht der Vorarbeiter Hitzig seinen Kollegen Sanft: »Jetzt halten Sie doch mal den Mund und hören Sie mir zu, Sie ***Kamel***!«

Sanft antwortet. »***Sie haben Recht, ich bin ausdauernd und belastbar.*** Das musste ja einmal gesagt werden. Danke!«

Hier wird der beleidigende Begriff »Kamel« also mit »ausdauernd und belastbar« übersetzt.
Anschließend tut Herr Sanft noch so, als hätte er ein Kompliment erhalten und bedankt sich ironisch.

Beispiel C

Auf einem Fußballplatz kicken mehrere junge Männer. Ein älterer Herr im Sportdress läuft auf die Gruppe zu und fragt, ob er mitspielen kann.
Einer der jungen Männer: »Was willst du denn hier, du ***alter Knacker***?«
Älterer Mann. »***Du hast Recht, ich knacke noch jede Abwehr!*** – Also, was ist jetzt? Traut ihr euch?«

Der Senior greift das verletzende Wort »Knacker« auf, überträgt es auf die Situation »Fußball« und kommt auf »Ich knacke jede Abwehr«. Nach der Standardfloskel »Du hast Recht, …« geht er mit einer provozierenden Fragestellung in die Offensive.
Die Beispiele zeigen, dass Sie diese Technik einsetzen können, wenn jemand eine Verbalattacke mit einem beleidi-

genden oder verletzenden Begriff reitet. Dann haben Sie die Wahl zwischen einem ehrlichen Feedback, einer harten Konfrontation oder eben dieser humorvollen Variante, die etwas leichter und spielerischer daherkommt. Trotzdem haben Sie psychologisch Oberwasser und Ihr Gegenüber wird sich überlegen, ob er sich nochmals dem Risiko der eigenen Lächerlichkeit aussetzen will.

Ein Nachteil ist vielleicht darin zu sehen, dass einem so eine witzige Übersetzung ja erst einmal einfallen muss. Ein guter Tipp in diesem Zusammenhang: Probieren Sie die Technik im Vorfeld an selbst erdachten Beispielen immer wieder aus! Es gibt nämlich nur eine begrenzte Anzahl von typischen Beleidigungsvokabeln wie Kamel, Esel, Schwein usw. Wenn Sie einmal eine gute Replik entwickelt haben, ist die Wahrscheinlichkeit hoch, dass Sie sich im Ernstfall daran erinnern.

Übung 5

Übersetzen Sie bitte die nachfolgenden Angriffe mit Witz!

1. Seminarteilnehmer zum Trainer: »Sie sind doch bloß ein ***Clown***, der hier eine Show abzieht!«

2. Personalchefin zum Bewerber: »Sie besitzen doch für diese Stelle ***keinerlei Vorkenntnisse***!«

3. Teamleiterin zu einem Mitarbeiter: »Also entschuldigen Sie mal, Ihre Vorschläge zum Qualitätsmanagement sind ja wohl ***völlig absurd***!«

4. Mitarbeiter zum neuen Chef: »Seit Sie hier sind, benehmen Sie sich wie der ***Elefant im Porzellanladen***!«

5. Älterer Kollege zu einem Azubi, während eines Betriebsfestes: »Sie benehmen sich wie ein ***Affe***!«

Lösungsvorschläge auf S. 185

4.1.6 Ironie

Wenn Sie angegriffen oder kritisiert werden, reagieren Sie mit einer Aussage, die Sie so gar nicht meinen. Sie meinen sogar eher das Gegenteil. Und genau das ist Ironie!

Sie können die Ironie unterschiedlich dosieren. Zum Beispiel ist es möglich, maßlos zu übertreiben. Dann wird der ironische Charakter der Antwort sofort offensichtlich. Durch die Übertreibung wird der ursprüngliche Angriff ins Lächerliche gezogen.

Sie können auch fein dosieren und eine Formulierung wählen, die ein wenig offen lässt, ob Sie das Gesagte tatsächlich so meinen. Das verunsichert Ihren Widerpart und führt oft zu Sprachlosigkeit auf dessen Seite.

Beispiel A

Herr Scharm begrüßt seinen Arbeitskollegen Fürnehm morgens im Büro mit den Worten: »Also, was ist das denn für ein Anzug? Hast du den aus der Kleiderkammer der Caritas?«
Fürnehm, mit einem maliziösen Lächeln: »Ich habe halt nicht ***deine umfassenden Fachkenntnisse in Modefragen und deinen exquisiten Geschmack, um den dich sogar die Damenwelt beneidet!***«

Es ist kaum anzunehmen, dass Herr Führnehm wirklich die Fachkenntnisse und den Geschmack seines Kollegen schätzt. Er sagt also das Gegenteil von dem, was er denkt.

Durch die Übertreibung (»*umfassende* Fachkenntnisse«, »*exquisiter* Geschmack«) wird das mehr als offensichtlich. Führnehm macht auf diese Weise den Angriff und seinen Urheber lächerlich.

Beispiel B

Fürnehm antwortet jetzt anders auf die Kritik an seinem Anzug beziehungsweise an seinem Geschmack.

Er greift sich an Herz und sagt mit etwas übertriebener Betonung: »Was? Der Anzug sieht nicht gut aus? ***Das verunsichert mich jetzt aber. Ehrlich***!«

Die Ironie ist hier versteckter. Sie liegt vor allem im abschließenden »Ehrlich!«, in der leicht exaltierten Betonung und der Gestik (Griff ans Herz). So ganz sicher kann sich Herr Scharm aber nicht sein, wie die Botschaft seines Gegenübers gemeint ist. Genau deshalb findet er keine Antwort und bleibt sprachlos.

Beispiel C

Der junge Vorgesetzte Schneidig fängt seinen Mitarbeiter Dickfell, seit 20 Jahren Angestellter der Firma, morgens vor der Bürotür ab: »Herr Dickfell, Sie sind drei Minuten zu spät!«

Dickfell: »***Das ist ja entsetzlich! Es tut mir so unendlich leid! Werden Sie mir das jemals vergeben können, Herr Schneidig?***«

Schneidig ist verdattert.

Herr Dickfell sagt: »Geben Sie Ihrem Herzen einen Stoß und lassen Sie Gnade vor Recht ergehen!«

Dann öffnet er die Bürotür und begibt sich an seinen Arbeitsplatz.

Dickfell wähnt sich hier aufgrund seiner langen Betriebszugehörigkeit und des tatsächlich geringen Anlasses gegenüber dem jungen Chef in einer starken Position und wagt deshalb eine ironische Replik. Er sagt »entsetzlich«, obwohl er die Verspätung als unerheblich betrachtet. Er sagt, dass es ihm leid tue, obwohl das mitnichten der Fall ist. Er bittet in maßloser Übertreibung um Vergebung und hebt so den Bagatellcharakter der Verspätung und die unangemessene Pedanterie des Vorgesetzten noch hervor. Tatsächlich macht er Herrn Schneidig hier mundtot.

Wiewohl Ironie lustig ist, enthält sie auch eine mehr oder minder starke Dosis Gift. Das Opfer der Ironie fühlt sich lächerlich gemacht und wird nach einer Gelegenheit lechzen, es dem Ironiker heimzuzahlen. Der altbekannte Mechanismus bei Konflikten mit Gewinnern und Verlierern kommt zum Tragen: Verlierer fühlen sich gedemütigt und wollen sich rächen.

Von daher empfehle ich, Ironie nur dosiert einzusetzen und dies eher in flüchtigen Beziehungen und in unwichtigen Kontexten. Wenn ein ernstes Problem im Raum steht, das es zu klären gilt, ist Ironie weniger angebracht.

Übung 6

Reagieren Sie auf die nachfolgenden Aussagen mit Ironie!

1. Lehrer zum Vater, in vorwurfsvollem Ton: »Ihr Sohn hat zum wiederholten Male widerrechtlich das Schulgelände verlassen!«

2. Angestellte zu einer Kollegin, kopfschüttelnd: »Du hast ja heute schon wieder das gleiche Kleid an!«

3. Dame zu Ihrem Tanzpartner: »Aua, das war mein Fuß!«

4. Eine Mutter zu einer anderen, die ihrem Dreijährigen die Windeln wechselt: »Also mein Kind ist schon seit einem halben Jahr sauber.«

5. Jemand erzählt einen Witz im Kollegenkreis und ein anderer sagt abwertend: »Das war so was von unlustig. Der schlechteste Witz, seit es Witze gibt.«

Lösungsvorschläge auf S. 187

4.1.7 Auf eine Frotzelei augenzwinkernd eingehen

Jemand will Sie mit einer frechen, dummen oder absurden Aussage veräppeln. Sie gehen bewusst darauf ein und geben eine ebenso dumme oder absurde Antwort. Am besten setzen Sie durch Übertreibung noch »einen drauf«!

Beispiel A

Herr Ernst gibt bei einer politischen Veranstaltung ein Statement ab.

Daraufhin spricht ihn ein bis dato Unbekannter persönlich an: »Sie haben doch offensichtlich von Politik keine Ahnung. Wahrscheinlich halten Sie Joachim Gauck für den Bundeskanzler!«

Ernst. »Nein! – ***Das ist doch Günther Jauch***!«

Mit der Aussage »Sie halten Gauck für den Bundeskanzler!« wird Herr Ernst in die »Doofen-Ecke« gestellt. Der nimmt das auf und tut augenzwinkernd so, als hätte er wirklich keine Ahnung (»Das ist doch Jauch!«). Damit zeigt er Humor und Souveränität und lässt den Angriff an sich abperlen. Eine ernste oder beleidigte Antwort (»Ich kenne sehr wohl den Unterschied zwischen Bundeskanzler und Bundespräsident!«) wäre hier kontraproduktiv. Damit würde man ja den Vorwurf ernst nehmen und sich getroffen zeigen.

Beispiel B

Frau Frank zu ihrer Freundin Kraftmann. »Deine Haare hängen heute wie Sauerkraut!«

Kraftmann: »Passt doch zu meinen strammen Oberschenkeln: ***Sauerkraut mit Eisbein!***«

Frau Kraftmann könnte die offenen Worte ihrer Freundin durchaus in den falschen Hals kriegen und eingeschnappt reagieren. Aber warum sollte Sie dem Gespräch eine solche Wendung geben? Es ist doch eine Freundin, die das sagt. Kraftmann entscheidet sich also dafür, den Begriff »Sauerkraut« aufzunehmen und daraus eine humorvolle Erwiderung zu stricken. So präsentiert sie sich entspannt und witzig. Es bleibt ihr zudem trotzdem die Möglichkeit, den Waschraum aufzusuchen und die Frisur zu richten.

Beispiel C

Herr Macho zum Kollegen Eifrig, der gerade in einem Berg von Akten wühlt: »Mach doch mal halblang! Du weißt doch, zu viel Stress schadet der Potenz!«

Eifrig: »Ja, ja. Aber ***zu viel Potenz kann auch zu Stress führen***!«

Mit der etwas anzüglichen Bemerkung über den Zusammenhang von Stress und Potenz macht sich Herr Macho über Herrn Eifrig lustig. Dieser bleibt aber nicht sprachlos, sondern dreht den kausalen Zusammenhang einfach um und hat die Lacher dann auf seiner Seite!

Das Eingehen auf eine Frotzelei oder auf einen dummen Spruch ist natürlich nur möglich, wenn der Gesprächspartner eine entsprechende Vorlage liefert. Wenn Sie auf so etwas dann allzu ernst reagieren, machen Sie sich in der Regel nur lächerlich. Spielerischer Humor und Wortwitz sind in solchen Situationen geeignetere Mittel zur Selbstbehauptung.

Übung 7

Reagieren Sie auf die folgenden Veräppelungen, indem Sie augenzwinkernd darauf eingehen!

1. »Schon gehört? Angela Merkel und Lukas Podolski sind jetzt ein Paar!«

2. »Spanien ist ja bekanntlich ein Nachbarland Deutschlands!«

3. »Dein T-Shirt ist zu klein!«

4. »Neuerdings hat man Pinguine in der Wüste Gobi gesichtet!«

5. »Bei deiner Größe kommst du ja noch umsonst in den Zoo.«

Lösungsvorschläge auf S. 189

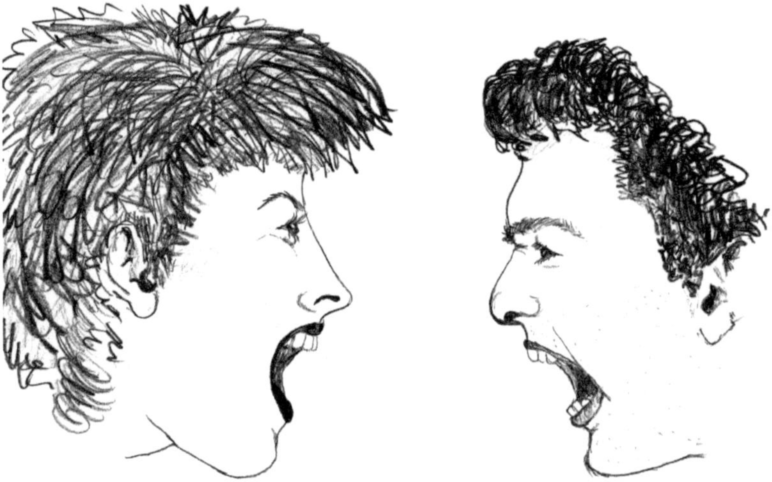

4.2 Konfrontative und offensive Techniken

4.2.1 Im-Gegenteil-Technik

Sie bekommen ein negatives Feedback und reagieren sofort mit dem lauten Ausruf »***Im Gegenteil!***« Nach einer kleinen Wirkpause begründen Sie nun, warum die Aussage des Gesprächspartners falsch ist. Sollten Ihnen zunächst keine Argumente einfallen, lassen Sie den Im-Gegenteil-Ausruf im Raum stehen und warten einfach auf die Reaktion des anderen.

Beispiel A

Personalberater Realowitsch zum Bewerber Muth: »Ich denke, Sie sind mit 45 Jahren schon ein wenig zu alt für eine berufliche Umorientierung.«

Muth: »***Im Gegenteil!*** – Es liegen noch 22 Berufsjahre vor mir. Das ist mehr als die Hälfte meines Berufslebens, und zwar die bessere Hälfte, denn jetzt bringe ich zu meinen sonstigen Stärken auch noch Erfahrung mit ein!«

Der Vorwurf des Alters wird hier direkt und mit Überzeugung ausgekontert. In der Begründung übersetzt Muth »zu alt« einfach mit »Erfahrung« und funktioniert den kritischen Aspekt zu einer entscheidenden Stärke um.

Beispiel B

Abteilungsleiter Hartmann an die Adresse von Mitarbeiter Bockshorn: »Im Vergleich zur letzten Beurteilung haben Ihre Leistungen stark nachgelassen!«

Bockshorn: »***Ganz im Gegenteil, Herr Hartmann***!«

Hartmann: » Wie meinen Sie das?«

Bockshorn: »Obwohl meine Kollegin über Wochen ausgefallen ist und ich ihre Kunden mit übernehmen musste, ist der Umsatz in beiden Verantwortungsbereichen kaum zurückgegangen. Ich bin wahnsinnig stolz darauf und meine, dass sich das in der Beurteilung widerspiegeln muss.«

Auch in dieser Situation reagiert der kritisierte Mitarbeiter zunächst mit der kraftvollen Im-Gegenteil-Formel, die dann im Raume steht und den Vorgesetzten zum Nachfragen bewegt. Das bietet wiederum Bockshorn die Möglichkeit, seinen Widerspruch zu begründen und zu belegen. Wäre ihm an dieser Stelle noch nichts eingefallen, hätte er sich mit einer Gegenfrage nochmals Zeit verschaffen können, zum Beispiel mit der Frage: »Ist das nicht offensichtlich?«

Beispiel C

Während einer Fortbildung sagt eine Teilnehmerin zum Dozenten: »Ihre Techniken zur Einwandbehandlung sind völlig praxisfern!«

Der Dozent erwidert: »***Im Gegenteil!*** – Erst in der Praxis des Verkaufsgespräches werden Sie erleben, wie effektiv diese Techniken sind! Probieren Sie es aus! Ich bin auf Ihre Rückmeldung gespannt!«

Nach dem obligatorischen »Im Gegenteil!« stellt der Dozent hier einfach eine Gegenbehauptung auf und verlagert den Beweis in die Zukunft (»...bin auf Ihre Rückmeldung gespannt!«). Alternativ hätte er das Problem auch auf den Kritiker selbst zurückverlagern können, etwa mit:

»***Im Gegenteil!*** – Wenn Sie die Techniken korrekt anwenden, so wie Sie es hier lernen, dann werden Sie damit in der Praxis Erfolg haben!«

Hiermit hätte er dem Gesprächspartner quasi den Weg verbaut, die Kritik aufrechtzuerhalten. Sollte es nicht klappen, läge es ja an ihm selbst!

Die Im-Gegenteil-Technik lebt davon, dass die Antwort mit innerer Überzeugung und Ausdruck vorgetragen wird. Die para- und extraverbalen Kommunikationselemente sollten zu der kraftvollen verbalen Offensive passen. Sie müssen laut sprechen, das »Im Gegenteil!« betonen, eine bewusste Pause einlegen, flüssig Argumente vortragen, sich aufrichten, dem Angreifer in die Augen schauen und unterstreichende Gesten einsetzen. Das wird Ihnen am ehesten gelingen, wenn Sie auch wirklich fühlen, dass ein Angriff ungerechtfertigt ist, und wenn sie genau wissen, dass Sie gute Argumente auf Ihrer Seite haben. Deshalb empfehle ich diese Technik gerade dann.

Übung 8

Versetzen Sie sich in den nachfolgenden Gesprächsausschnitten in die jeweils angesprochene Person und formulieren Sie eine Erwiderung mit der Im-Gegenteil-Technik!

1. Chefin zum Angestellten: »Ich habe den Eindruck, dass Sie sehr zurückhaltend sind und nicht genügend auf Kollegen und Kunden zugehen.«

2. Lehrerin zum Vater: »Ich denke, dass Ihr Sohn im Mathematikunterricht einfach überfordert ist.«

3. Mitarbeiterin zum Chef: »Ich werde in dieser Abteilung nicht genügend gefördert.«

4. Personalverantwortliche zu einer Bewerberin: »Sie scheinen sich zur Teamarbeit nicht besonders gut zu eignen.«

5. Kollege Krittel während einer Teambesprechung, an eine Kollegin gewandt: »Ein Tag der Offenen Tür, wie Sie ihn da vorgeschlagen haben, bringt doch für das Image der Einrichtung rein gar nichts!«

Lösungsvorschläge auf S. 190

4.2.2 Wäre-es-Ihnen-lieber-Technik

Jemand äußert einen Vorwurf oder eine Kritik. Sie überlegen sich das Gegenteil oder die Kehrseite der negativen Aussage, übertreiben diese maßlos und fragen Ihr Gegenüber, ob es ihr oder ihm denn so lieber wäre. Aufgrund Ihrer Formulierung könnte der Gesprächspartner diese Frage nur verneinen. Deshalb geben Sie auch gleich selbst die Antwort und behaupten sich so!

Beispiel A

Zuhörer: »Herr Schaumann, Ihre Präsentation war langweilig!«

Schaumann: » ***Wäre es Ihnen lieber, wenn*** ich hier eine große ***Show ohne inhaltliche Substanz*** abgezogen hätte? – Wohl kaum! Deshalb habe ich mich dafür entschieden, ganz sachlich viele Informationen in kurzer Zeit zu vermitteln.«

Der Vorwurf lautet »langweilig«. Das Gegenteil von »langweilig« ist »interessant«, eine Übertreibung von »interessant« ist »große Show«. Damit niemand auf die Idee kommen kann, eine »große Show« gut zu finden, ergänzt unser Herr Schaumann noch »… ohne inhaltliche Substanz«. Fertig ist die Wäre-es-Ihnen-lieber-Frage! Herr Schumann stellt diese Frage und verneint sie selbst (»Wohl kaum!«), stellvertretend für den Zuhörer. Er begründet dann, warum er so und nicht anders präsentiert hat (»… dafür entschieden, … viele Informationen in kurzer Zeit zu vermitteln«).

Im Interesse einer knackigen Selbstbehauptung ist es wirkungsvoller, die Wäre-es-Ihnen-lieber-Frage selbst zu beantworten, anstatt den Gesprächspartner zu Wort kommen zu lassen. Denn dieser könnte den rhetorischen Trick entlarven und darauf hinweisen, dass man auch eine Show mit inhaltlicher Substanz liefern könnte. Durch die Selbstbeantwortung bekommt der Kritiker diese Chance nicht und der Kritisierte kann sofort die Abwehr des Vorwurfs nachschieben.

Beispiel B

Bürger zu einem Politiker: »Wir Bürger zahlen viel zu viel Steuern!«

Politiker: »***Wäre es Ihnen lieber, wenn*** alle Steuern gestrichen würden und der ***Staat kein Geld mehr hätte, Straßen, Schulen und Krankenhäuser zu bauen***? – Sicher nicht! Der Staat braucht Steuereinnahmen, um Leistungen für seine Bürger zu erbringen.«

Die Kritik lautet: »Zu viel Steuern!« Das Gegenteil davon ist »weniger Steuern«, zugespitzt »keine Steuern« mit der hypothetischen Konsequenz »kein Geld mehr für Straßen, Schulen und Krankenhäuser«. Die entsprechende Wäre-es Ihnen-lieber-Frage wird gestellt und nach einer Wirkpause vom Fragesteller selbst verneint (»Sicher nicht!«). Zu guter Letzt begründet der Politiker dann noch die Notwendigkeit von Steuern (»Leistungen für den Bürger bezahlen«).

Beispiel C

Personalberater zu einem Klienten: »Sie sind zu alt für diese Position.«

Klient: »***Wäre es Ihnen lieber, ich wäre jung, dynamisch und erfolglos***? – Wohl kaum! Es ist die Erfahrung, die den Erfolg bringt!«

Das Gegenteil von »alt« ist »jung«, in der Kombination mit »dynamisch und erfolglos« ein Eigenschaftsbündel, das man nur ablehnen kann. Daher stellt der als zu alt Beurteilte die entsprechende Wäre-es-Ihnen-lieber-Frage und gibt die selbstverständliche Antwort: »Wohl kaum!« Er schiebt noch den weisen Satz von der Erfolg bringenden Erfahrung hinterher und hat sich auf diese Weise prima behauptet.

Die Wäre-es-Ihnen-lieber-Technik ist ein frecher rhetorischer Taschenspieler-Trick. Ich empfinde ihn als passend, wenn der Angreifer pauschal, extrem besserwisserisch, unverschämt oder gar dreist daherkommt. Im Business-Bereich gegenüber Vorgesetzten oder wichtigen Kunden ist diese Art der Selbstbehauptung seltener angebracht.

Übung 9

Versetzen Sie sich in den nachfolgenden Gesprächsausschnitten in die jeweils angesprochene Person und antworten Sie mit der Wäre-es-Ihnen-lieber-Frage!

1. Mitarbeiter zu einer Vorgesetzten: »Sie haben einen autoritären Führungsstil!«

2. Kunde zu einem Verkäufer: »Das Produkt ist zu teuer.«

3. Ehemann zur Ehefrau: »Du machst zu viele Überstunden und bist nie zu Hause!«

4. Ehemann zur Ehefrau: »Du gehst zu oft zum Frisör. Wer soll das bezahlen?«

5. Chef zum Mitarbeiter: »Sie feiern in letzter Zeit aber sehr häufig krank.«

Lösungsvorschläge auf S. 192

4.2.3 Wenn-Sie-damit-meinen-Technik

Jemand kritisiert Sie oder wirft Ihnen etwas vor! Sie übersetzen den Vorwurf so, dass eine positive Eigenschaft, ein positives Verhalten daraus wird oder sogar ein Fehler des anderen. Dieser Übersetzung stimmen Sie nun lächelnd zu.

Beispiel A

Kursteilnehmer: »Herr Haudrauf, Ihre Antwort war aber gar nicht schlagfertig.«

Haudrauf: »***Wenn Sie mit ,nicht schlagfertig' meinen, dass*** ich hier ***keinen plumpen Witz auf Kosten eines anderen*** gemacht habe, dann gebe ich Ihnen Recht!«

Die Kritik an Herrn Haudrauf lautet »nicht schlagfertig«. Herr Haudrauf übersetzt das in ein positives Verhalten: »Ich habe keinen plumpen Witz auf Kosten eines anderen gemacht!« So gesehen kann er dem Kritiker dann Recht geben.

Beispiel B

Herr Kühn zur Kollegin Evanski, die vor einem offensichtlich defekten Kopierer steht: » Typisch Frau: keine Ahnung von Technik!«

Frau Evanski daraufhin: »***Wenn du damit meinst, dass Frauen grundsätzlich schneller erkennen***, wann man besser einen Experten hinzuzieht, dann hast du völlig Recht!«

Der Vorwurf »keine Ahnung von Technik« wird hier positiv umgedeutet in »Ich erkenne schnell, wann man Experten hinzuziehen sollte«. Das ist natürlich eine positive

Eigenschaft, die Frau Evanski gern für sich und alle Geschlechtsgenossinnen in Anspruch nimmt.

Beispiel C

Patient Unruh wendet sich an Dr. Medi: »Herr Doktor, Ihre Behandlung hat doch bisher gar nichts gebracht.«

Dr. Medi: »***Wenn Sie damit meinen, dass*** die ***Behandlung nur dann Erfolg*** haben kann, ***wenn Sie sich*** genau ***an meine Anweisungen halten***, gebe ich Ihnen Recht!«

Dr. Medi deutet die Aussage des unzufriedenen Patienten »Behandlung hat nichts gebracht« zu einer Andeutung um, dass Herr Unruh sich womöglich nicht an die ärztlichen Anweisungen gehalten hat. Indem er diese »Übersetzung« bestätigt, kritisiert er seinerseits den Patienten.

Die Wenn-Sie-damit-meinen-Technik ist der Dolmetscher-Technik (Kapitel 4.3.4) sehr ähnlich. Die Formulierung ist jedoch einen Tick aggressiver. Dem Angreifer wird zuerst das Wort im Munde herumgedreht, und durch das abschließende »… gebe ich Ihnen Recht!« muss sich der Gesprächspartner dann ein wenig veräppelt vorkommen. Der vorgegebene Satzanfang »Wenn Sie damit meinen, dass …« triggert im Gehirn eine eher offensive Erwiderung oder sogar, wie im Beispiel C, einen Gegenangriff.
Wenden Sie diese Technik an, wenn Ihr Gegenüber sich nicht scheut, Sie im Beisein anderer offen und direkt zu attackieren! Sie gewinnen damit die Initiative zurück. Mit der konkreten Umdeutung des Angriffs können Sie selbst

entscheiden, wie offensiv oder sogar aggressiv Sie kontern wollen.

Dr. Medi hätte zum Beispiel in der geschilderten Situation noch aggressiver antworten können: »***Wenn Sie damit meinen, dass Sie sich*** ganz ***offensichtlich nicht an meine*** ärztlichen ***Anweisungen gehalten haben und damit den Behandlungserfolg gefährden,*** gebe ich Ihnen Recht!«

Er hätte auch sachlicher reagieren können: »***Wenn Sie damit meinen, dass*** die ***Behandlung auf eine langfristige Wirkung abzielt*** und ***wir noch Geduld haben müssen***, gebe ich Ihnen Recht!«

Übung 10

Versetzen Sie sich in den nachfolgenden Gesprächsausschnitten in die jeweils angesprochene Person und antworten Sie mit der Wenn-Sie-damit-meinen-Technik!

1. Partner zu einer Partnerin: »Du hast dich in letzter Zeit aber sehr verändert!«

2. Arbeitskollege zu Herrn Bock: »Mein Gott, bist du stur!«

3. Bürger zu einem Politiker der »Linken«: »Ihr Linken seid doch total weltfremd!«

4. Patient zu Dr. Sorgfalt: »Ihre Praxis ist katastrophal organisiert: Ich warte jetzt schon seit zwei Stunden darauf, dass ich endlich drankomme.«

5. Personalverantwortlicher zu einer Bewerberin: »Sie sind viel zu still für diesen Beruf!«

Lösungsvorschläge auf S. 194

4.2.4 Bumerang-Technik

Sie nehmen den Inhalt einer Verbalattacke oder einer kritischen Bemerkung auf und retournieren mit Einleitungsfloskeln wie »Deshalb …«, »Deswegen …«, »Gerade deshalb …«, »Genau das ist der Grund ...« oder »Genau deswegen …«. Diese Eröffnung ergänzen Sie nun mit einer positiven Übersetzung des Vorwurfs oder der Kritik. Sie können auch eine Argumentation für Ihre Person, Ihre Handlungen oder Ihren Standpunkt hinter die Einleitung setzen oder sogar zum Gegenangriff blasen.

Beispiel A

Chefin zum Angestellten: »Sie wirken in letzter Zeit extrem unmotiviert, Herr Schlapp!«

Schlapp: »***Genau deswegen*** habe ich Sie um einen Gesprächstermin gebeten. Die letzte ***Gehaltserhöhung*** ist nun schon drei Jahre her und es wird mal wieder Zeit für ein bisschen Motivation!«

Hier schließt der kritisierte Herr Schlapp eine Argumentation für eine Gehaltserhöhung an die Bumerang-Einleitung an. Eine freche Variante, mit der der schwarze Peter nunmehr bei der Vorgesetzten gelandet ist.

Beispiel B

Arbeitgebervertreter zum Gewerkschafter: »Lohnerhöhungen sind in diesem Jahr nicht möglich, weil unsere Gewinne und Umsätze im Inland geschrumpft sind!«

Gewerkschafter: »***Gerade deshalb*** brauchen die Arbeitnehmer einen ***kräftigen Schluck aus der Lohnpulle***. Nur wer Geld in der Tasche hat, kann konsumieren! Mehr Konsum aber bedeutet mehr Umsatz und mehr Gewinn für die Unternehmen! Das wollen Sie doch auch, oder etwa nicht?«

Hier ergänzt der Gewerkschaftsvertreter die Bumerang-Floskel mit einem volkswirtschaftlichen Argument für die Erhöhung von Löhnen und Gehältern. Er beendet seine Replik noch mit einer Suggestivfrage (»Das wollen Sie doch auch, *oder etwa nicht?*«) und baut so zusätzlichen Druck auf den Gesprächspartner auf.

Beispiel C

Herr Macho zu Frau Schwarz, nach einem misslungenen Parkmanöver derselben: »Ja, ja, Frauen und Autofahren!«

Frau Schwarz: »***Genau deshalb hat Gott die Männer geschaffen, als niedere Techniksklaven*** und Chauffeure für das überlegene Geschlecht!«

Das Beispiel zeigt die Variante »Genau deshalb« plus Gegenangriff. Die Antwort der Dame wirkt hier selbstbewusst und schlagfertig.

Und genau das ist auch der passende Anwendungshinweis für diese Technik: Wenn Sie das Gefühl haben, dass Sie ein Signal Ihrer Stärke, Ihres Selbstbewusstseins und Ihrer Schlagfertigkeit geben müssen, dann sind Sie mit der Bumerang-Erwiderung gut bedient.

Übung 11

Versetzen Sie sich in den nachfolgenden Gesprächsausschnitten in die jeweils angesprochene Person und antworten Sie mit der Bumerang-Technik!

1. Kollege Nidhögg zu Frau Senf: »Du arbeitest echt im Schneckentempo!«

2. Herr Arro zu seiner Ehefrau: »Mein Gott, bist du schwer von Begriff!«

3. Schüler Unlust zu seiner Mathe-Lehrerin: »Warum muss ich den Quatsch lernen? Das brauche ich doch sowieso nicht!«

4. Bürger zu einem Politiker: »Sie ziehen uns doch nur die Steuern aus der Tasche!«

5. Kunde zur Verkäuferin: »Sie machen wohl Scherze. 800 Euro für diese Couch? Das ist viel zu teuer!«

Lösungsvorschläge auf S. 196

4.2.5 Zuspitzen und Konfrontieren

Sie bekommen einen Vorwurf oder ein negatives Feedback zu hören, picken sich den Kern des Vorwurfs heraus und spitzen ihn bewusst so zu, dass eine Beleidigung daraus wird. Dann leiten Sie Ihre Antwort ein mit »Wollen Sie/ Willst du damit etwa sagen …?« und ergänzen diesen Anfang mit der Beleidigung. Ihr Ziel dabei: Sie wollen den Gesprächspartner durch die krasse Konfrontation psychologisch unter Druck setzen, damit er seine Ursprungsaussage relativiert und diplomatisch einlenkt.

Beispiel A

Herr Frei legt seiner Chefin, Frau Hartmann, eine Arbeitsunfähigkeitsbescheinigung vor.

Sie äußert sich daraufhin so: »Aha! Schon wieder eine Krankmeldung!«

Herr Frei erwidert mit hochgezogenen Augenbrauen, intensivem Blickkontakt und lauter, deutlicher Stimme: » ***Wollen Sie damit etwa sagen, dass ich simuliere*** und ***mich ständig vor der Arbeit drücke?***«

Frau Hartmann, verunsichert: »Nein, natürlich nicht. Meine Aussage war allgemein auf den derzeitigen Krankenstand in der Abteilung bezogen. Ich wollte Sie nicht persönlich angreifen. Es tut mir leid, wenn das so bei Ihnen angekommen ist.«

Der ursprüngliche Vorwurf ist der, dass Herr Frei schon wieder krank ist. Er macht daraus »simulieren« und »sich ständig drücken«. Mit diesen Zuspitzungen konfrontiert er seine Vorgesetzte in der Form »Wollen Sie damit etwa sagen, dass …«. Dem kleinen Wörtchen »etwa« kommt dabei eine besondere Bedeutung zu. Es suggeriert dem Gesprächspartner, dass er mit seiner Aussage völlig falsch lag und gerade einen Fauxpas begangen hat. Durch eine entsprechende para- und extraverbale Kommunikation (Blickkontakt, Mimik, Stimme) übt Frei zusätzlich Druck auf Frau Hartmann aus: »Nehmen Sie Ihre Aussage zurück!« Die Vorgesetzte lässt sich tatsächlich ins Bockshorn jagen und rudert zurück.

Beispiel B

Ein Manager sagt auf der Betriebsversammlung: »Um im globalen Wettbewerb bestehen zu können, müssen wir schlanker und effektiver werden.«

Betriebsratsmitglied Frank steht auf und fragt: » ***Wollen Sie damit etwa andeuten, dass Sie Leute entlassen werden?***«

Der Manager: »Nein, das ist derzeit zumindest nicht geplant. Zunächst einmal geht es um individuelle und arbeitsorganisatorische Verbesserungen zur Steigerung der Produktivität.«

In diesem Beispiel ist die kritische Aussage »schlanker und effektiver werden«. Der Betriebsrat spitzt das zu auf »Sie wollen Leute entlassen«. Indem er den Manager damit konfrontiert, erhält er die relativierende Aussage »Entlassungen sind derzeit nicht geplant«. Immerhin! Vielleicht kann der Betriebsrat die Unternehmensleitung später darauf festnageln.

Beispiel C

Zwei Kolleginnen fahren gemeinsam im Aufzug in die Chefetage. Die eine zieht die Nase kraus, schnuppert und sagt: »Was riecht hier denn so? Ist das dein Parfüm?«
Die andere erwidert streng: » ***Willst du damit etwa sagen, dass ich stinke?«***
Die Erste wieder: »«Um Gottes willen! Nein! Ich habe mich da ungeschickt ausgedrückt. Eigentlich wollte ich nur sagen, dass ich den neuen Duft wahrnehme.«

Die Zuspitzung von »Was riecht denn hier so? Dein Parfüm?« zu »Gestank« ist so radikal, dass der Gesprächspartnerin wirklich nichts übrig bleibt, als ihre Aussage zu relativieren und sich quasi zu entschuldigen.

In welchen Fällen ist die hier beschriebene Technik zu empfehlen? Meiner Meinung nach bei Nachrichten, in denen Sie eine besonders negative Beziehungsbotschaft vermuten. Indem Sie diese durch Zuspitzung auf den Tisch bringen, können Sie sie auch wieder vom Tisch nehmen, nämlich dann, wenn der Partner die Botschaft diplomatischer formuliert, sie abstreitet oder zurücknimmt.

Die Technik ist im Sinne einer Oberhand-Technik erfolgversprechend gegenüber Menschen, die man als verbindlich, diplomatisch, weich und nicht so selbstbewusst einschätzt. Solche Typen werden dem suggestiven Druck des »Wollen Sie damit etwa sagen …?« eher nachgeben als härtere und selbstbewusste Persönlichkeiten. Letztere könnten auf die Idee kommen, die Konfrontation anzunehmen und die zugespitzte Botschaft zu bestätigen. Dann müssten Sie wiederum eine weitere Technik zum Einsatz bringen, um sich behaupten.

Übung 12

Versetzen Sie sich in den nachfolgend beschriebenen Situationen in die jeweils angesprochene Person und fragen Sie dann: »Wollen Sie/ Willst du damit etwa sagen…?«

1. Chefin zu ihrer Mitarbeiterin: »Die Zeiterfassung hat ergeben, dass Frau Flux im Schnitt 3 Stunden weniger für das Anfertigen einer Einkommensteuererklärung benötigt.«

2. Fußballamateur Franz Holzfuß zu seinem Trainer: »Warum haben Sie mich nicht aufgestellt, Trainer? Sie sehen doch, der Sebastian versiebt eine Chance nach der anderen.«

3. Professor Fatzke während einer Lehrveranstaltung: »Einigen hier muss man wohl Helium ins Gehirn blasen, damit sie überhaupt aufrecht gehen können.«

4. Herr Smart ist zu einer Geburtsparty bei einer Bekannten eingeladen. Sie öffnet die Tür und sagt: »Jetzt habe ich so viele Leute eingeladen und ausgerechnet du kommst als Erster!«

5. Ehemann zu seiner Frau, vor der Autofahrt zum Urlaubsort: »Lass mich lieber fahren!«

Lösungsvorschläge auf S. 198

RES

4.3 Versachlichungstechniken

4.3.1 W-Fragen

Jemand kritisiert Sie oder greift Sie an. Sie hinterfragen den Kern der Kritik oder der Attacke mit einer W-Frage (Wieso …?, Weshalb …?, Warum …? usw.). Bietet die Antwort schon Ansatzpunkte für eine schlagkräftige Entgegnung, dann nehmen Sie jetzt Stellung. Sie können aber auch noch ein bis zwei weitere W-Fragen stellen, bis Sie eine Antwort geben.

Beispiel A

Chef im Beurteilungsgespräch: »Sie können offensichtlich keine Schwerpunkte setzen!«

Mitarbeiter: »***Wie*** kommen Sie darauf?«

Chef: »Sie haben die vereinbarten Ziele im Bereich Qualitätsmanagement nicht erreicht, weil Sie sich immer wieder im Tagesgeschäft verzettelt haben.«

Mitarbeiter: »***Inwiefern*** habe ich mich verzettelt? ***Was*** meinen Sie damit ***genau***?«

Chef: »Das wissen Sie doch selbst am besten! Und irgendeinen Grund muss es ja haben, dass die QM-Ziele nicht erreicht wurden.«

Mitarbeiter: »Nein, ich weiß überhaupt nicht, was Sie mit *Verzetteln im Tagesgeschäft* meinen. Ich habe mich nicht verzettelt. Der Grund für das Nichterreichen des Zieles ist ein ganz anderer. Mein Kollege Kränklich hat in diesem Jahr mehr als 100 Tage gefehlt und ich musste seine Arbeit mit erledigen. Was ich übrigens, wie ich hier einmal feststellen möchte, hervorragend geschafft habe. Bei der Zielformulierung konnten wir beide nicht ahnen, dass Herr Kränklich so lange ausfallen wird. Sonst hätten wir das Ziel niemals so formuliert, oder?«

Der Mitarbeiter hinterfragt hier die pauschale Kritik des Chefs zweimal. Er gewinnt damit Zeit, denn jetzt muss erst einmal der Gesprächspartner etwas sagen. Der Angestellte erhält Informationen, denn er hört die Argumente des Vorgesetzten. Allerdings kann der Chef den Vorwurf in diesem Fall nicht wirklich konkretisieren. Dies ermöglicht dem Mitarbeiter dann ein energisches Zurückweisen der Kritik und eine Gegeninterpretation, die für ihn selbst natürlich günstig ausfällt.

Beispiel B

Seminarteilnehmerin: »Ehrlich gesagt: Ihre Präsentation war langweilig!«

Dozent: » ***Was*** genau war langweilig daran?«

Teilnehmerin: »Sie haben eine Powerpoint-Folie nach der anderen präsentiert. Das waren mindestens 40 Folien in einer Stunde. Es war todlangweilig!«

Dozent. » ***Was*** hätten Sie denn anders gemacht?«

Teilnehmerin: »Ich hätte mir zwischendurch einmal eine Gruppen- oder Partnerarbeit gewünscht oder ein Rollenspiel. Eben Gelegenheiten für die Teilnehmer, auch selbst aktiv zu werden!«

Dozent: »Da gebe ich Ihnen Recht. Ich werde diesen Hinweis umsetzen. Vielen Dank!«

Auch hier gewinnt der Dozent durch zwei W-Fragen zunächst Zeit und erhält eine Erläuterung der Kritik. Die ist hier ziemlich konkret und nachvollziehbar. Der Angesprochene kommt zu dem Schluss, dass die Kritik berechtigt ist. Er gibt der Gesprächspartnerin also auch Recht und zieht Schlussfolgerungen für zukünftige Veranstaltungen. Das ist ein souveräner Umgang mit Kritik. Wer in der Lage ist, Fehler zuzugeben und Verbesserungen einzuleiten, zeigt auch eine Art von Stärke und Selbstbewusstsein. Ein weitere Vorteil: Das Thema ist damit abgehakt.

Beispiel C

Personalleiterin: »Ich habe den Eindruck, dass Sie sich nicht zur Teamarbeit eignen.«

Bewerber: »Dürfte ich Sie fragen, ***wie*** Sie zu dieser Einschätzung kommen?«

Personalleiterin: »Das ist so ein allgemeiner Eindruck, den ich heute im Assessment-Center gewonnen habe.«

Bewerber: »Aha! Und ***woran genau*** würden Sie diesen Eindruck festmachen?«

Personalleiterin: »An irgendwelchen Einzelbeobachtungen möchte ich das gar nicht mal festmachen.«

Bewerber: »Das ist schade! Ich sehe es nämlich ganz anders! Teamfähigkeit gehört zu meinen Top-Stärken! Erstens: Ich bin im Schützenverein, im Karnevalsverein und in der Freiwilligen Feuerwehr, gerade wegen der Teamarbeit dort. Zweitens: Ich habe aus Interesse mehrere Weiterbildungen zum Thema *Arbeiten in Teams* absolviert. Und drittens: Ich arbeite seit mehr als fünf Jahren erfolgreich in einem Verkaufsteam und meine Fähigkeiten zur Teamarbeit werden im Arbeitszeugnis ausdrücklich hervorgehoben.«

Auch hier hinterfragt der Bewerber, besonders höflich natürlich, eine negative Einschätzung der Personalleiterin. Er erhält keine schlüssigen Zusatzinformationen und geht deshalb nach der Fragephase mit drei Argumenten in die

Offensive. Es versteht sich von selbst, dass man als Bewerber Beispiele und Belege für seine Stärken und für wichtige Anforderungen der Tätigkeit vorbereitet, sodass man dann auch Munition für die argumentative Offensive hat. Tatsächlich formulieren Personalverantwortliche ja häufig negative Einschätzungen als Stressfragen. Der Bewerber soll zeigen, dass er ruhig und höflich bleibt und dass er sich selbst behaupten kann. Mit der Kombination aus Hinterfragen und Argumentieren ist das kein Problem!

Das Hinterfragen mit W-Fragen, gerne auch in Verbindung mit dem Wörtchen ***genau***, ist immer eine gute Reaktionsalternative, wenn eine Kritik oder eine verbale Attacke sehr allgemein, pauschal oder ungenau formuliert wird. Zeitgewinn ist in solchen Momenten besonders wichtig, um sich zu fassen und die eigenen Gefühle unter Kontrolle zu bekommen. Der Informationsgewinn hilft oft bei der Formulierung einer passenden Replik. Allein mit Fragen ist die Situation jedoch nicht lösbar. Es kommt immer der Moment, wo Sie selbst Stellung beziehen müssen. Dabei können Ihnen witzige, humorvolle, aber auch sachliche und konfrontative Antworten helfen, die Sie diesem Buch ja ebenfalls finden. Neben dem rhetorisch geschickten Aufbau ist auch die inhaltliche Substanz Ihrer Antwort von Bedeutung. Bereiten Sie deshalb Bewerbungsgespräche, Mitarbeitergespräche, Beurteilungsgespräche und überhaupt alle planbaren Gesprächssituationen stets gut vor! Welche Fakten, Daten, Argumente sprechen für Sie und Ihre Position? Welche Vorwürfe und Gegenargumente könnten auf Sie zukommen? Wie sind diese wiederum zu entkräften? Bei Ad-Hoc-Gesprächen müssen Sie improvisieren. Aber gerade dann sind die vorgeschalteten Fragen natürlich Gold wert, um sich erst einmal Luft zu verschaffen.

Übung 13

Denken Sie sich zu den unten gegebenen Gesprächsanfängen jeweils einen kleinen Dialog aus! Dabei soll die angegriffene, kritisierte oder angesprochene Person zunächst mit ein bis drei W-Fragen reagieren und dann das Gespräch mit einer Stellungnahme abschließen. Bitte notieren Sie die Dialoge und vergleichen Sie die Struktur jeweils mit den Lösungsvorschlägen!

1. Mitarbeiter zur Chefin:
   »Mit Ihrem autoritären Führungsstil machen Sie das ganze Team kaputt!«

2. Lehrerin zum Vater:
   »Ihr Sohn stört ständig den Unterricht!«

3. Seminarteilnehmer zum Kommunikationstrainer:
   »Ihre Tipps zur Gesprächsführung sind praxisfern!«

4. Betriebsrat zur Vorstandsvorsitzenden: »Die Zahlen, die Sie da präsentieren, sind doch aus der Luft gegriffen!«

5. Mitarbeiter zur Personalchefin:
   »Ich werde hier nicht genügend gefördert!«

Lösungsvorschläge auf S. 200

4.3.2 Spiegeln

Jemand sagt Ihnen etwas Kritisches oder Negatives. Sie wiederholen es in Ihren eigenen Worten, und zwar in Form eines Aussagesatzes. In der Regel erhalten Sie dann von Ihrem Gesprächspartner weitere Erläuterungen zu der Aussage. Diese können Sie gegebenenfalls noch ein bis zwei Mal spiegeln oder hinterfragen, bis Sie dann selbst etwas dazu sagen.

Beispiel A

Chefin (verärgert): »Wo bleibt die Umsatzstatistik vom letzten Monat?«

Angestellte: »***Sie brauchen die Statistik dringend.***«

Chefin: »Ja. Ich muss der Geschäftsführung morgen früh zur Umsatzentwicklung Bericht erstatten.«

Angestellte: »Das wusste ich nicht, deshalb habe ich die Erstellung der Statistik erst später eingeplant. Ich ziehe das jetzt vor und lege sie Ihnen in einer Stunde vor.«

Chefin: »Prima! Das reicht mir noch.«

Die Vorgesetzte stellt hier eine verärgerte Frage. Die Mitarbeiterin verschafft sich zunächst Zeit und Luft, indem sie die vermutete Selbstoffenbarung der Chefin spiegelt. Wie geplant, erhält sie dadurch eine Zusatzinformation. Die Information wird wiederum zum Ausgangspunkt für eine sachliche, klärende Antwort.

Ich habe gesagt, dass die Angestellte die Selbstoffenbarung der Vorgesetzten gespiegelt hat. Man kann die Technik des

Spiegelns also in Bezug setzen zum Vier-Seiten-Modell der Nachricht von Schulz von Thun. Als Empfänger einer Nachricht hört die Mitarbeiterin ja verschiedene Botschaften auf den vier Seiten der Nachricht, hier möglicherweise:

***Selbstoffenbarung, implizit*:** Ich (Chefin) brauche die Akte dringend. Ich bin ungeduldig. Ich ärgere mich, weil die Akte nicht da ist.
***Beziehungsbotschaft, implizit*:** Sie (Mitarbeiterin) haben es versäumt, mir die Statistik rechtzeitig vorzulegen, und ich (Chefin) muss das jetzt bemängeln.
***Appell, implizit*:** Bringen Sie mir sofort die Statistik!
***Sachseite, explizit*:** Wo bleibt die Umsatzstatistik?

Grundsätzlich lässt sich jede dieser Aussagen spiegeln. Aber je nachdem, welche Botschaft auf welcher Seite man aufgreift, ergibt sich unter Umständen eine andere Wirkung und ein anderer Gesprächsverlauf.

Das Spiegeln der Selbstoffenbarung, besonders das Aufgreifen negativer Gefühle, führt in der Regel dazu, dass der Gesprächspartner über die gespiegelten Gefühle spricht, sie sich von der Seele redet und dann das Problem sachlicher sieht. Bei besonders starken Gefühlen ist es eventuell sinnvoll, mehrmals zu spiegeln.

Chefin (verärgert): »Wo bleibt die Umsatzstatistik vom letzten Monat?«

Mitarbeiterin: »***Sie sind ungeduldig und ärgern sich.***«

Chefin: »Natürlich! Ich muss morgen früh die aktuelle Umsatzentwicklung bei der Geschäftsführung erläutern. Wie soll ich das ohne aktuelle Zahlen vorbereiten?«

Mitarbeiterin: »Das verstehe ich vollkommen. Mir war Ihr Termin bei der Geschäftsleitung allerdings nicht bewusst, deshalb hatte ich die Erstellung der Statistik erst später eingeplant. Ich ziehe das jetzt sofort vor und lege Ihnen die Zahlen in 60 Minuten vor.«

Statt die Gefühle zu spiegeln (Gefühlsspiegel), können Sie auch die sachlichen Informationen auf der Selbstoffenbarungsseite aufgreifen (Informationsspiegel). Damit ignorieren oder überspringen Sie die Gefühlsverarbeitung und geben gleich den Impuls zu einer Konkretisierung und Versachlichung (vgl. oben: ***»Sie brauchen die Statistik dringend.«***).

Wenn Sie Botschaften der Beziehungsseite spiegeln, steuern Sie eine Konfrontation mit dem Gesprächspartner an.

Chefin (verärgert): »Wo bleibt die Umsatzstatistik vom letzten Monat?«

Mitarbeiterin: ***»Ich habe es Ihrer Meinung nach versäumt, die Statistik rechtzeitig vorzulegen, und Sie tadeln mich dafür.«***

Chefin: »Das sehen Sie richtig. Es ist Ihre Aufgabe, die Umsatzstatistik bis zum 10. des Folgemonats zu erstellen. Darauf habe ich mich verlassen und jetzt stehe ich dumm da, weil ich die Daten morgen früh der Geschäftsleitung erläutern soll. Das wird Konsequenzen haben, Frau Müller!«

Das Beispiel zeigt: Wenn Sie eine Konfrontation suchen, steigt Ihr Gesprächspartner vielleicht darauf ein und Sie haben einen handfesten Konflikt. Überlegen Sie sich also gut, ob Sie das wollen, gerade wenn Sie in einer untergeordneten Position sind!

Es ist natürlich auch denkbar, dass Ihr Gegenüber den Konflikt scheut und seinen (vermeintlichen?) Vorwurf zurücknimmt oder abschwächt.

Chefin (verärgert): »Wo bleibt die Umsatzstatistik vom letzten Monat?«

Mitarbeiterin: ***»Ich habe es Ihrer Meinung nach versäumt, die Statistik rechtzeitig vorzulegen, und Sie tadeln mich dafür.«***

Chefin: »Nein, Frau Müller! So habe ich es doch nicht gemeint. Ich brauche die Statistik nur dringend, weil ich morgen der Geschäftsführung vortragen muss. Könnten Sie mir die Zahlen vielleicht jetzt gleich zusammenstellen? Das würde mir noch reichen, um mich vorzubereiten.«

Bei diesem Gesprächsverlauf hätte die Mitarbeiterin sich durch Spiegelung der Beziehungsbotschaft, also durch eine Konfrontationsstrategie, hervorragend selbst behauptet. Sie hätte psychologisch hier die Oberhand. So eine Strategie ist aber nur empfehlenswert, wenn die Angestellte ihre Chefin sehr gut kennt und deren Reaktion mit hoher Wahrscheinlichkeit vorhersagen kann.

Auch das Spiegeln des Appells (***»Ich soll Ihnen sofort die Umsatzstatistik bringen.«***) und der Botschaft der Sachseite (***»Sie möchten wissen, wo die Umsatzstatistik bleibt.«***) ist möglich, macht aber in der Regel nur Sinn, wenn der Appell bzw. der Sachinhalt einer Nachricht unklar ist.

Zusammenfassend ist zu sagen, dass das Spiegeln von Selbstoffenbarungsbotschaften bei emotionalen Angriffen oder Kritik der Königsweg ist, um negative Gefühle zu neutralisieren und das Gespräch zu versachlichen. Ist die sachliche Ebene erreicht, können Sie sich mit Argumenten behaupten.

Beispiel B

Kunde (mit hochrotem Kopf, aufgebracht, wedelt mit einer Smart Watch): »Was haben Sie mir denn da für einen Schrott verkauft?«

Verkäufer: »***Sie sind wütend auf mich.«***

Kunde (laut, immer noch aufgebracht): Na klar! Das ist noch gelinde ausgedrückt. Ich bin stinksauer. 399 € haben Sie mir abgeknöpft und nichts funktioniert, wie es soll!«

Verkäufer: ***Sie haben die Nase voll.***

Kunde (schon etwas ruhiger): »So kann man es auch sagen.«

Verkäufer: »Ich verstehe Sie und entschuldige mich an dieser Stelle schon einmal für die Unannehmlichkeiten. Sie sagten, nichts funktioniert, wie es soll. Was genau funktioniert denn nicht?«

Eine Situation, die viele Verkäufer kennen: Der Kunde ist aufgebracht, weil das Produkt nicht funktioniert. Hier spiegelt unser Beispielverkäufer zunächst zweimal die Gefühle, die er beim Käufer spürt. Und tatsächlich lässt der Kunde seinen Ärger heraus, wird nach dem zweiten Spiegeln aber ruhiger. Das ist die Chance für den Uhrenverkäufer: Er drückt Verständnis aus und entschuldigt sich, um sein Gegenüber noch weiter zu besänftigen, bevor er mit W-Fragen in die Analyse des Problems einsteigt. Wenn das

Problem klar ist, wird er mit dem Käufer gemeinsam eine Lösung suchen, schließlich eine Lösung vereinbaren und umsetzen. So behauptet man sich als Verkäufer bei Beschwerden.

Viele Menschen haben Hemmungen, negative Gefühle des Gesprächspartners zu spiegeln. Sie sagen: Dann wird mein Kunde doch erst recht wütend. Meine Antwort lautet: Genau darum sollen Sie ja spiegeln! Der unzufriedene Käufer soll Dampf ablassen, denn erst danach können Sie vernünftig mit ihm reden.

Beispiel C

Nachbar (an der Haustür, wütend, laut): »Was fällt Ihnen ein, mitten am Tag so einen Lärm zu machen?«

Frau Krach: »***Sie sind aufgebracht.***«

Nachbar: »Klar bin ich wütend! Ich habe Nachtschicht. Und bei dem Lärm aus Ihrer Wohnung kriege ich tagsüber kein Auge zu. Geht das nicht ein bisschen leiser?«

Frau Krach: »Ich habe Verständnis für Ihre Situation als Schichtarbeiter. Allerdings muss man auch berücksichtigen, dass wir 16 Uhr haben, also mitten am helllichten Tag und außerhalb der Mittagsruhe. Wann soll meine Tochter Geige üben, wenn nicht jetzt?«

Frau Krach spiegelt in dieser Situation die Gefühlslage des wütenden Nachbarn. Der redet sich den Frust von der Seele und erläutert die Situation. Frau Krach zeigt daraufhin zwar Verständnis, behauptet jedoch ihre Position, dass Ihre Tochter ein Recht darauf hat, Geige zu üben.

Der Konflikt löst sich hier nicht in Wohlgefallen auf. Aber Selbstbehauptung bedeutet auch manchmal, sich nicht auf einen Kompromiss einzulassen. Der Umweg über das Spiegeln verschafft hier die Zeit, sich darauf einzustellen und sich zu wappnen.

Für den weiteren Fortgang eines solchen Gesprächs empfehle ich das Beibehalten der Doppelstrategie von Verständnis einerseits und Wahrung der eigenen Interessen andererseits.

Frau Krach könnte dem Nachbarn die Verwendung von Ohrstöpseln empfehlen oder sich mit ihm auf eine Verschiebung der täglichen Übungsstunde einigen. Letzteres aber nur, wenn es für sie und ihre Tochter wirklich machbar ist. Das Recht ist nun einmal auf ihrer Seite und, wie schon gesagt, nicht jede Situation lässt sich durch einen Kompromiss lösen.
Gerade dann aber, wenn man auf seinem eigenen Standpunkt beharren will, ist es besonders wichtig zuzuhören, Verständnis zu zeigen und dem anderen das Gefühl zu geben, dass man ihn und seine Interessen zumindest wahr- und ernst nimmt.

Das Spiegeln ist eine geeignete Reaktion bei Kritik und Angriffen, die mit negativen Emotionen wie Wut, Ärger und Enttäuschung verbunden sind. Sie gewinnen Zeit und Informationen. Sie bieten außerdem Ihrem Gesprächspartner bewusst ein Ventil für seine Minusgefühle. Wenn er sie losgeworden ist, können Sie das Gespräch versachlichen.

Ob Sie dabei inhaltlich nachgeben, auf Ihrem Standpunkt beharren oder eine Kompromisslösung anstreben, wird von der jeweiligen Situation abhängig sein.

Auch ein Nachgeben aus rationaler Einsicht oder ein guter Kompromiss kann eine souveräne Reaktion sein und steht nicht zwangsläufig im Widerspruch zur Wahrung Ihrer persönlichen Interessen und Ihrer Selbstachtung. Wenn Sie jedoch nachgeben, sollten Sie keinesfalls unterwürfig klingen, sondern laut, deutlich und betont sachlich sprechen. Schauen Sie dem Gesprächspartner in die Augen, wenn Sie antworten!

<u>Übung 14</u>

Denken Sie sich zu den unten gegebenen Gesprächsanfängen jeweils einen kleinen Dialog aus! Dabei soll die angegriffene, kritisierte oder angesprochene Person zunächst die Selbstoffenbarung des Gesprächspartners spiegeln (Gefühlsspiegel oder Informationsspiegel) und dann das Gespräch in sachliche Bahnen lenken. Bitte notieren Sie die Dialoge und vergleichen Sie die Struktur jeweils mit den Lösungsvorschlägen!

1. Chef zum Sachbearbeiter: »Ihre Leistungen haben ja wohl den absoluten Tiefpunkt erreicht!«

2. Kollege zur Kollegin: »Sag mal, hat dein Friseur eigentlich einen Waffenschein?«

3. Reporter zum Fußballtrainer: »Warum haben Sie in der ersten Halbzeit nur mit einem Stürmer gespielt?«

4. Antragsteller zum Bearbeiter: »Wie lange soll ich denn noch auf die Genehmigung warten?«

5. Mitarbeiter zum Vorgesetzten: »Sie haben doch überhaupt keine Ahnung, was ich hier jeden Tag leiste!«

Lösungsvorschläge auf S. 203

4.3.3 Echo

Die Echo-Technik ist dem Spiegeln sehr ähnlich. Sie hören eine Aussage Ihres Gesprächspartners und geben einen Teil dieser Aussage wörtlich in Frageform zurück. Ihr Gegenüber hört somit eine Art Echo seiner Nachricht. Er wird im Normalfall den Aspekt zusätzlich erläutern, den Sie als Echo zurückgeworfen haben. Sie nutzen dann, wie beim Hinterfragen und beim Spiegeln, die gewonnene Zeit und die erhaltenen Informationen für Ihre Selbstbehauptung.

Beispiel A

Lehrerin zum Vater: »Ihr Sohn stört ständig den Unterricht.«

Vater: »***Ständig?***«

Lehrerin: »Ja, also zumindest in meinem Unterricht ist es in jeder Stunde so.«

Vater: »Aha! Die anderen Lehrer haben mir nichts Derartiges berichtet. Wie kommt es, dass es nur bei Ihnen so ist?«

Der Erziehungsberechtigte erhält durch sein Echo eine Erklärung zu dem Aspekt »ständig«. Dieser bietet ihm die Möglichkeit, ein wenig Druck auf die Pädagogin auszuüben (impliziter Vorwurf: Nur bei Ihnen ist es so, also liegt es an Ihnen!). Ob es klug ist, dies auch zu tun? Das hängt von den Umständen ab. Grundsätzlich ist es im Interesse der Kinder, mit dem Lehrpersonal zu kooperieren. Aber das kann ja auch bei dieser Antwort, die zunächst einmal Stärke zeigt, noch erfolgen. Zum Beispiel so:

Vater: »Aha! Die anderen Lehrer haben mir nichts Derartiges berichtet. Wie kommt es, dass es nur bei Ihnen so ist? Haben Sie eine andere Sitzordnung als die anderen Lehrer? Oder liegt es vielleicht am Fach?«

Durch diese Zusatzfragen behält der Vater eine Führungsrolle bei der Problemanalyse, aber der implizite Vorwurf gegen die Lehrerin ist kaum noch spürbar.

Eine Stärke der Echo-Technik liegt darin, dass Sie durch das Echo vorgeben können, zu welchem Gesichtspunkt Sie zusätzliche Erläuterungen bekommen. Mit »Ständig?« bekommt man eben Informationen zur Häufigkeit der Störungen, mit »Stört?« würde wahrscheinlich eine Erklärung zur Art der Störung erfolgen.

Lehrerin zum Vater: »Ihr Sohn stört ständig den Unterricht.«

Vater: »***Stört?***«

Lehrerin: »Ja, leider. Er quatscht die ganze Zeit mit seinem Sitznachbarn Tom. Dadurch kriegt er natürlich im Unterricht nichts mehr mit und die Leistung leidet.«

Vater: »Das ist ungünstig. Haben Sie schon einmal daran gedacht, die beiden auseinander zu setzen?«

Auch hier nutzt der Erziehungsberechtigte die Information, die er durch das Echo bekommt, für einen konstruktiven Lösungsansatz. Er präsentiert diesen als Frage, denn wer fragt, der führt das Gespräch und ist in einer starken Position.

Beispiel B

Ehefrau: »Jetzt bin aber wirklich sauer. Nie räumst du die Spülmaschine aus!«

Ehemann: »**Nie?**«

Frau: »Gestern nicht, heute nicht …!«

Mann: »In der vergangenen Woche habe ich jeden Tag die Spülmaschine ausgeräumt. Also bist du in dieser Woche dran!«

Die Gattin hat hier einen sehr pauschalen Vorwurf erhoben (»Nie!«). Das ist in Diskussionen meist ein Fehler, weil Pauschalität selten zutrifft. Der angegriffene Ehemann wählt deshalb das »Nie?« als Echo und provoziert damit die Einschränkung des Vorwurfs auf zwei Tage (gestern, heute). Dies kann er für seine Selbstbehauptung ausnutzen. Im Interesse einer Klärung (und einer guten Ehe) sollte das Gespräch im weiteren Verlauf zu einer konkreten und nachprüfbaren Aufgabenverteilung zwischen den Protagonisten führen.

Beispiel C

Vertriebsleiterin zum Mitarbeiter: »Sie haben nicht genug Anrufe bei Kunden getätigt!«

Mitarbeiter: »***Anrufe?«***

Vertriebsleiterin: »Ja. Sie haben nach meinen Unterlagen im vergangenen Monat nur 100 Kunden angerufen. Kollege Fleißig bringt es auf 400!«

Mitarbeiter: »Wie schon Helmut Kohl sagte: Entscheidend ist, was hinten rauskommt! Mein Umsatz pro Anruf ist um 100 Prozent höher als der Teamdurchschnitt und um den Faktor 5 höher als der meines geschätzten Kollegen. Somit sind meine Einnahmen um 25 Prozent höher als die von Herrn Fleißig, oder nicht?«

Vertriebsleiterin: »Äh … Ja?«

Der Mitarbeiter spiegelt einen Aspekt des Vorwurfs und verschafft sich damit Zeit und konkrete Hinweise zum Kern der Kritik.

Dann behauptet er sich mit dem Trick, dem Gesprächspartner relativ viele Zahlen und Rechnungen in kurzer Zeit entgegenzuhalten. Die meisten Menschen sind nämlich nicht in der Lage, so viele Zahlen und Rechnungen ad hoc nachzuvollziehen. Um sich keine Blöße zu geben, stimmen sie dann dem Gesprächspartner oft zu oder ziehen sich verunsichert zurück.

Wenn die Zahlen noch zutreffen, wie in dem Beispiel, ist es natürlich auch sachlich eine überzeugende Selbstbehauptung. Wenn sie nicht zutreffen, kann die Strategie trotzdem aufgehen. Dann handelt es sich aber eher um ein Zauberkunststück aus dem Werkzeugkasten der »schwarzen« Rhetorik!

Übung 15

Denken Sie sich zu den unten gegebenen Gesprächsanfängen jeweils einen kleinen Dialog aus! Dabei soll die angegriffene, kritisierte oder angesprochene Person zunächst mit einem Echo reagieren und dann den Dialog souverän und selbstbewusst fortsetzen. Bitte notieren Sie die Dialoge und vergleichen Sie die Struktur jeweils mit den Lösungsvorschlägen!

1. Mitarbeiter zur Vorgesetzten: »Ich teile Ihre Einschätzung meiner Teamfähigkeit nicht. In diesem Bereich sehe ich mich weit über dem Durchschnitt.«

2. Kollege zur Kollegin: »Frauen reden ja bekanntlich mehr als doppelt so viel wie Männer!«

3. Vorgesetzter zu einer Mitarbeiterin: »Frau Tran, Sie brauchen einfach zu viel Zeit für Ihre Aufgaben.«

4. Chefin zur Sekretärin: »Warum liegt die Eingangspost noch nicht vor? Es ist bereits 10.30 Uhr!«

5. Kunde zum Verkäufer: » Ich bin sauer! Ich habe zu Hause noch einmal recherchiert und festgestellt, dass Sie mir die Konsole zu einem vollig uberhöhten Preis verkauft haben!«

Lösungsvorschläge auf S. 206

4.3.4 Dolmetscher-Technik

Eine Person greift Sie in unsachlicher Weise an. Sie wählt harte, vielleicht schon verletzende Worte. Sie spiegeln diese Aussage, indem Sie sie sachlich umformulieren. Ein geeigneter Satzbeginn dabei ist: »Sie meinen, (dass)…« Ziel dieser Vorgehensweise ist es, den Gesprächspartner wieder auf eine sachliche Ebene zurückzuführen, um sich auf eben dieser Ebene mit Argumenten zu behaupten.

Beispiel A

Seminarteilnehmer zu einer Dozentin: »Was Sie da erzählen, ist doch völliger Blödsinn!«

Dozentin: »***Sie meinen, Sie können meine Aussagen zur Dolmetscher-Technik nicht nachvollziehen.***«

Teilnehmer: »Genau! Wenn mich jemand beleidigt, ist Diplomatie doch der falsche Weg. Da muss man dann doch mit aller Härte kontern. Wir sind doch hier in einem Selbstbehauptungskurs.«

Dozentin: »Das ist ein klarer Standpunkt. Meine Damen und Herren, sehen das alle so?«

Die beleidigenden Worte »völliger Blödsinn« übersetzt die Dozentin mit: »Sie können meine Aussagen nicht nachvollziehen.« Tatsächlich zeigt sich im weiteren Gesprächsverlauf, dass der Dialog sachlicher wird. Der Seminarteilnehmer begründet seine Kritik jetzt rational. Weil die Dozentin vermutet, dass sich in der Lerngruppe auch Menschen befinden, die anderer Meinung sind als der Kritiker, gibt sie dessen Statement als Frage an die Gruppe zurück. Das ist ein probates Mittel, um sich selbst in solchen Situationen zunächst aus der Schusslinie zu nehmen. Später kann die Dozentin dann, auf der Grundlage der Unterstützung aus der Gruppe, eine weichere Definition von Selbstbehauptung geben und die Dolmetscher-Technik als geeignete Strategie begründen. Das ist natürlich auch ohne Umweg über die Unterstützung aus der Gruppe möglich:

Seminarteilnehmer zu einer Dozentin: »Was Sie da erzählen, ist doch völliger Blödsinn!«

Dozentin: »***Sie meinen, Sie können meine Aussagen zur Dolmetscher-Technik nicht nachvollziehen.***«

Teilnehmerin: »Genau! Wenn mich jemand beleidigt, ist Diplomatie der falsche Weg. Da muss man dann doch mit aller Härte kontern. Wir sind doch hier in einem Selbstbehauptungskurs, oder etwa nicht?«

Dozentin: »Genau deshalb ist die Dolmetscher-Technik zu empfehlen: Selbstbehauptung heißt nämlich nicht, dass man zwangsläufig eine Eskalationsstrategie verfolgen muss. Selbstbehauptung heißt nicht, dass man stets nach dem Motto *Auge um Auge, Zahn um Zahn* vorgeht. Eine sachliche Darlegung der eigenen Positionen ist gerade in beruflichen Kontexten häufig angemessener. Mit der Dolmetscher-Technik leitet man dies ideal ein.«

Beispiel B

Mutter zur Leiterin einer Kindertagesstätte: »Die Spielgeräte auf dem Außengelände sind die reinsten Todesfallen.«

Leiterin: »***Sie meinen, dass die Geräte den aktuellen Sicherheitsstandards nicht entsprechen.***«

Mutter: »Ja. Schauen Sie sich nur mal die Rutsche an! Die Schweißnähte sind so grob verarbeitet, dass sich die Kinder daran verletzen können!«

Leiterin: »Hm! Ich verstehe, dass Sie sich Sorgen machen. Aber ich kann Sie da wirklich beruhigen. Die Geräte werden in festgelegten Intervallen vom TÜV überprüft. Unsere letzte Prüfung war vor sechs Monaten. Alle Geräte, auch die Rutsche, sind als sicher eingestuft worden. Ich kann mich auch nicht erinnern, dass sich ein Kind einmal an der Rutsche verletzt hätte.«

Die Leiterin bedient sich der Dolmetscher-Technik, was zu einer Versachlichung und Relativierung des ursprünglichen Vorwurfs »reinste Todesfallen« führt. Plötzlich ist es nur noch eine Rutsche mit grob verarbeiteten Schweißnähten. Jetzt äußert die Leiterin Verständnis und beruhigt die besorgte Mutter. Damit holt sie sie dort ab, wo sie psychologisch steht. Von hier aus erfolgt die sachliche Argumentation.

Beispiel C

Kollege Unmut zu einer Kollegin: »Was Sie da vorschlagen, klappt doch sowieso nicht!«

Kollegin: »***Sie meinen, es gibt Gründe, die einen Erfolg infrage stellen.***«

Unmut: »Allerdings gibt es die!«

Kollegin: »Bitte nennen Sie sie doch, damit wir darüber diskutieren können!«

Hier wird die Dame mit einer sogenannten Killerphrase konfrontiert. Das ist eine dogmatische Negativaussage ohne nähere Begründung (»Klappt sowie nicht!«; »Haben wir noch nie so gemacht!«; »Völliger Unsinn!« usw.). Sie übersetzt diese Phrase so, dass eine Nennung der Gründe provoziert wird. Die erfolgt zwar zunächst nicht. Immerhin räumt Unmut aber ihre Existenz ein. Mit dem anschließenden direkten Appell (»Bitte nennen Sie sie!«) ist die Kollegin jetzt da, wo sie hin will, nämlich bei konkreten Daten, Fakten oder Argumenten, die sie ggf. widerlegen kann.

Es ist an den Beispielen deutlich geworden, dass sich die Dolmetscher-Technik vor allem dann anbietet, wenn der Kommunikationspartner sich im Ton vergreift, beleidigend oder verletzend wird oder mit Killerphrasen operiert. Richtig angewendet, führt die Technik zu einer Versachlichung und ermöglicht so eine sachorientierte Selbstbehauptung der angegriffenen Person.

Übung 16

Denken Sie sich zu den unten gegebenen Gesprächsanfängen jeweils einen kleinen Dialog aus! Dabei soll die angegriffene, kritisierte oder angesprochene Person mit der Dolmetscher-Technik operieren und im Anschluss zu einer sachorientierten Selbstbehauptung überleiten. Bitte notieren Sie die Dialoge und vergleichen Sie die Struktur jeweils mit den Lösungsvorschlägen!

1. Mitarbeiter zur Chefin (im Rahmen eines Mitarbeitergesprächs): »Sie führen sich auf wie ein Diktator!«

2. Bürger zu einem Politiker: »Hier in Deutschland ändert sich sowieso nie etwas.«

3. Arbeitgebervertreter zu einem Gewerkschaftler: »Der Mindestlohn ist Blödsinn!«

4. Teamleiterin zum Mitarbeiter: »Sie zeigen null Motivation, Herr Schlaff.«

5. Mutter zum Lehrer: »So, wie Sie erklären, kapiert mein Sohn gar nichts!«

Lösungsvorschläge auf S. 209

4.3.5 Feedback

Ein Feedback besteht idealtypisch aus drei Schritten.

Im ersten Teil (1) benennen Sie konkret die verletzende Aussage oder das störende Verhalten.

Im zweiten Schritt (2) schildern Sie, welche Auswirkungen die Aussage oder das Verhalten auf Sie hat. Sprechen Sie dabei in der Ich-Form!

Drittens (3) sagen Sie dem Gesprächspartner, was Sie von ihm erwarten, um die negativen Auswirkungen zu beseitigen oder in Zukunft zu vermeiden. Sie können auch eine Frage stellen, die zur Klärung der Situation beiträgt.

Beispiel A

Der Chef spricht Frau Sorgfalt an: »Frau Sorgfalt, Ihre Leistungen haben in letzter Zeit stark nachgelassen!«

Frau Sorgfalt gibt dazu ein Feedback: »(1) Herr Meister, Sie sagen pauschal, dass meine Leistungen in letzter Zeit nachgelassen haben. (2) Ich fühle mich dadurch verunsichert, weil ich nicht weiß, wie Sie zu dieser Einschätzung kommen. Auch fühle ich mich ungerecht behandelt, weil ich gerade in den letzten Wochen und Monaten sehr viel geleistet habe. (3) Bitte erläutern Sie mir doch, welche Leistungen genau Sie meinen und inwiefern ich Ihrer Meinung nach nachgelassen habe!«

Frau Sorgfalt zwingt hier ihren Vorgesetzten, seine pauschale Kritik konkreter zu fassen. Tut er das, besteht für sie die Chance, sich sachlich mit seinen Aussagen auseinanderzusetzen und sie gegebenenfalls zu entkräften. Ist der Chef nicht in der Lage, den Tadel zu konkretisieren, kann Frau Sorgfalt dies entlarven und selbst Argumente vortragen, die ihre guten Leistungen untermauern.

Beispiel B

Ein Schüler sagt zu einer Lehrerin: »Sie haben doch wohl eine Klatsche!«
Die Rückmeldung der Lehrerin lautet: »(1) Kevin, du hast gesagt, dass ich eine Klatsche habe. (2) Ich fühle mich durch diese Bemerkung respektlos behandelt und beleidigt. (3) Bitte entschuldige dich bei mir und unterlasse solche Aussagen in Zukunft!«

Entschuldigt sich der Schüler, hat die Pädagogin ihr Ziel erreicht. Tut er es nicht, kann sie dazu wiederum ein Feedback geben.

Ferner stellt sich natürlich in jedem Fall die Frage nach Konsequenzen für den Schüler (begleitete Reflexion in einem Sozialraum, Gespräch mit den Eltern, Klassenkonferenz). Persönlich würde ich die entsprechenden Maßnahmen für den Wiederholungsfall ankündigen, dann aber auch mit Bestimmtheit ergreifen.

Beispiel C

Herr Gert wendet sich an die Kollegin Schlank: »Sag mal, du hast im Urlaub aber ganz schön zugelegt. Mein lieber Mann!«
Schlank antwortet: »(1) Du sagst, ich habe zugelegt. (2) Ich bin auf diesem Ohr ziemlich empfindlich und fühle mich jetzt fett und unattraktiv. (3) Bitte vermeide zukünftig Aussagen zu meinem Gewicht oder Aussehen!«

Das Feedback von Frau Schlank ist sehr ehrlich und erfordert einen gewissen Mut. Aber gerade dadurch wird dem Kollegen Gert vielleicht bewusst, in welches Fettnäpfchen er getreten ist. Im günstigsten Fall wird er sich entschuldigen. Sollte er die Ehrlichkeit missbrauchen und weitere herabsetzende Bemerkungen zu Gewicht und Aussehen machen, kann Frau Schlank auch in Erwägung ziehen, den Vorgesetzten und den Betriebsrat einzuschalten.

Ein Feedback im Sinne einer ehrlichen Rückmeldung können Sie immer geben, wenn Sie sich durch eine Aussage oder eine Verhaltensweise angegriffen fühlen. Die Schwere des Angriffs spielt dabei kaum eine Rolle, und ein Feedback kann man dem Chef genauso gut geben wie einem Kollegen, einem Familienmitglied oder einem Fremden. In der konkreten Formulierung sind hierbei gegebenenfalls Anpassungen an die Situation nötig.

Bei humorvollen Spitzen oder ironischen Bemerkungen ist diese Strategie nicht uneingeschränkt zu empfehlen, denn sie ist sehr ernsthaft, ehrlich und auf Konfliktlösung ausgelegt. Insofern passt sie eher schlecht zu witzigen oder ironischen Attacken, weil der Feedback-Geber dann vielleicht wahrgenommen wird als eine Person, die eben keinen Humor hat und keinen Spaß versteht.

Wenn man aber genau das zum Ausdruck bringen will, nämlich »Das ist nicht mehr lustig! Schluss mit lustig!«, dann kann man auch den Attacken, die in Humor verpackt sind, mit einem nüchternen Feedback begegnen.

Übung 17

Formulieren Sie für die folgenden Situationen ein Feedback in drei Schritten!

1. Sie machen während einer Teamsitzung einen Vorschlag und ein Teilnehmer sagt daraufhin: »Das klappt doch sowieso nicht!«

2. Sie leiten ein Kommunikationsseminar. Ein Teilnehmer unterbricht Ihre Ausführungen mit den Worten: »Das ist doch praxisferner Quatsch!«

3. Während einer Besprechung präsentieren Sie ein Projekt und eine Teilnehmerin winkt verächtlich ab.

4. Sie sind Assistentin der Geschäftsführung. Auf dem Flur begegnet Ihnen der Geschäftsführer und sagt mit charmanter Stimme: »Sie sehen ja heute wieder scharf aus, Frau Herzig!«

5. Ein Politiker kritisiert bei einer öffentlichen Veranstaltung rassistische Umtriebe. Ein Mann aus dem Publikum brüllt: »Vaterlandsverräter!«

Lösungsvorschläge auf S. 212

4.3.6 Elasto-Technik

Diese Technik heißt so, weil Sie dabei elastisch reagieren. In einem ersten Schritt federn Sie den Angriff oder Vorwurf ab, indem Sie grundsätzlich Verständnis zeigen. Im zweiten Schritt sagen Sie dann klar, warum Sie anderer Meinung sind, und begründen dies sachlich.

Beispiel A

Klempner Frosch repariert den tropfenden Wasserhahn bei Familie Sparbier. Danach präsentiert er dem Hausherrn die Rechnung in Höhe von 92,35 € und erntet damit folgenden Kommentar: »Was? So viel für die Reparatur eines undichten Hahns? Das grenzt ja an Diebstahl!«
Frosch antwortet: »***Ich verstehe, dass*** Sie sich über die Rechnung ärgern. ***Auf der anderen Seite bedenken Sie bitte, dass*** die Arbeitsstunde eines Handwerkers 51,20 € kostet, dass die Anfahrt mit 7,00 € dazu kommt, dass ich eine neue Dichtung für 8, 52 € eingesetzt habe und dass ich im Auftrag des Staates noch 19 % Umsatzsteuer bei Ihnen kassieren muss, um sie an das Finanzamt weiterzuleiten. Ja, und einen kleinen Gewinn soll der Auftrag für mich ja auch noch abwerfen. Der Preis von 92, 35 € ist also absolut fair und angemessen.«

Sie erkennen hier den ersten Schritt an der Satzeinleitung »Ich verstehe, dass …«.

Damit dieses Verständnis beim Gesprächspartner auch ankommt, ist es wichtig, dass Sie es authentisch transportieren. Schauen Sie Ihrem Gegenüber in die Augen! Lächeln Sie dabei nicht, denn der Einwand ist ernst zu nehmen!

Nicken Sie und öffnen Sie die Hände mit nach oben gewendeten Handflächen!

Nach der Verständnisphase wird die zweite Phase mit »Auf der anderen Seite bedenken Sie bitte …« eingeläutet. Es folgt die Offenlegung der Kalkulation mit dem Ergebnis, dass der genannte Preis gerechtfertigt ist.

Die Formulierung »Auf der anderen Seite bedenken Sie bitte …« ist weicher und nicht so abgriffen wie das Wort »aber«. Wenn Sie den zweiten Schritt der Elasto-Technik mit »aber« einleiten, wird das vorher aufgebaute Verständnis sofort entwertet. Der Gesprächspartner ist alarmiert und geht in Verteidigungsstellung. Deshalb sind Alternativformulierungen, wie die oben genannte, besser.

Beispiel B

Oberstufenschüler Armkopf. »Was? Sie wollen mir eine Fünf in Deutsch geben? Das ist eine Riesenschweinerei! Sie benoten ja wohl nur nach Nasenfaktor!«
Lehrer Kantmann: »Ich verstehe, dass die Note Sie schockt, Herr Armkopf. Und ich sehe, dass Sie in beiden Klausuren eine Fünf geschrieben haben, dass Sie bei mir 20 Prozent Fehlzeiten haben und mündlich eher wenig zum Unterricht beitragen. Wenn ich gerecht sein will, habe ich keine andere Wahl, als die Gesamtnote mangelhaft zu vergeben.«

Auch in diesem Beispiel finden wir wieder die Verstehensfloskel. Mit der Überleitung »Und ich sehe, dass …« geht der angegriffene Lehrer in die Argumentationsoffensive und kommt zu dem Fazit, dass er eine »Fünf« quasi verteilen muss.

Beispiel C

Nachbar Wuth klingelt an der Tür von Frau Gager, die in ihrer Küche Hausarbeit erledigt und dabei im Radio die neuesten Hits hört: »Was fällt Ihnen denn ein, so einen Lärm zu machen? Das ist ja wohl asozial! Ich muss jetzt schlafen! Ich habe heute Nachtschicht.«
Frau Gager: »Es tut mir leid, dass Sie heute Nacht noch arbeiten müssen, und ich begreife, dass Sie tagsüber ruhen möchten. Auch zu berücksichtigen ist, dass es 16 Uhr ist, also keine Mittagsruhe und keine Nachtruhe, und dass ich hier Musik auf Zimmerlautstärke höre. Insofern kann ich Ihnen nur Ohrstöpsel empfehlen. Damit habe ich selbst auch schon gute Erfahrungen gemacht.«

In Beispiel C wird mit der Einleitung »Es tut mir leid, dass …« die Verständnisphase eingeleitet. Mit »Auch zu berücksichtigen ist, dass …« folgt der Übergang zu Argumentation und Schlussfolgerung (»Nehmen Sie Ohrstöpsel!«).

Inhaltlich hätte Frau Gager vielleicht im Sinne eines guten nachbarschaftlichen Verhältnisses auf das Ruhebedürfnis des Herrn Wuth eingehen können. Auf der anderen Seite verdienen die Unhöflichkeit und der fast schon beleidigende Unterton des Nachbarn (»asozial«) eher eine unnachgiebige Haltung.

Wie man in den Wald hineinruft, so schallt es eben hinaus. Diese Lektion muss auch der wütende Nachbar lernen.

Die Elasto-Technik ist empfehlenswert, wenn Sie gegen einen Vorwurf oder eine Attacke wirklich gute Argumente haben. Von Teilnehmern meiner Selbstbehauptungstrainings habe ich dazu schon oft den Einwand gehört, dass man sich mit dieser Strategie ja dem Druck des Angreifers beugen und sich bloß rechtfertigen würde. Ich sehe die Gefahr nicht. Sie entscheiden sich frei für diese Art Antwort und Sie machen durch selbstbewusstes, sicheres Auftreten deutlich, dass Sie keinem Rechtfertigungszwang nachgeben, sondern einfach die Kraft schlagfertiger Argumente für sich nutzen.

Übung 18

Verfassen Sie bitte einen kleinen Dialog zwischen zwei Gesprächspartnern! Die eine Person soll einen Vorwurf oder eine Kritik an die andere richten. Die angesprochene Person soll mit der Elasto-Technik antworten!

Lösungsvorschläge auf S. 214

PRO
CONTRA

4.4 Argumentationstechniken

Wer seine Interessen wahren will, muss auch in der Lage sein, wirkungsvoll zu argumentieren.

Argumente sind Aussagen, die einen Standpunkt begründen, zum Beispiel subjektive Erfahrungen, objektive Zahlen, Daten, Sachverhalte und Fakten. Argumente können wahr oder falsch sein, mehr oder weniger stichhaltig. Die Wirkung einer Argumentation hängt natürlich auch von der Qualität der Argumente ab.

Daneben kommt es aber auch darauf an, wie Sie Ihre Argumente vortragen und/oder wie Sie die Aussagen der Gegenseite entkräften.

In diesem Zusammenhang gibt es einige bewährte Strukturen, die ich Ihnen nachfolgend gerne vorstelle.

4.4.1 Steigerungstechnik

Bei der Steigerungstechnik zählen Sie einfach drei Argumente für Ihren Standpunkt auf. Dabei beginnen Sie mit dem schwächsten und enden mit dem stärksten. Wenn Sie die Argumente mit »erstens«, »zweitens« und »drittens« einleiten, bekommt die Aufzählung noch mehr Wirkung. Bei der Festlegung der Reihenfolge ist die Perspektive des Gesprächspartners maßgebend. Ihn wollen Sie überzeugen, deshalb nennen Sie das für ihn wichtigste Argument zuletzt. Wenn ich hier von drei Argumenten rede, ist das nur eine Faustformel. Sie hat allerdings ihren Sinn: Weniger als drei Gründe für einen Standpunkt wirken etwas dünn, mehr als drei verwässern dagegen die Wirkung der einzelnen Aussagen wieder.

Beispiel

Herr Schienemann bevorzugt für den täglichen Weg zur Arbeit Bus und Bahn. Sein Mitstreiter im Büro, Herr Raser, hält davon gar nichts. Beim gemeinsamen Mittagstisch mit den Kollegen sagt er mit einem Seitenblick auf Herrn Schienemann: »Also, ich kann überhaupt nicht verstehen, wie man heutzutage noch mit Bus und Bahn fahren kann.«

Schienemann ergreift das Wort: »Erstens ist das Fahren mit Bus und Bahn entspannend, weil man ja nicht selber fahren muss. Zweitens kann man die Zeit nutzen, um gründlich die Morgenzeitung zu lesen und drittens, und dies sollte im Zeitalter des Klimawandels für jeden verantwortungsbewussten Menschen wichtig sein, schont das Fahren mit öffentlichen Verkehrsmitteln unsere Umwelt.«

Natürlich hätte Herr Schienemann die Bemerkung auch einfach ignorieren oder mit zwei Silben (So, so …) abtun können. Doch er hat ja gute Argumente und kann die Herausforderung daher auch annehmen.

Übung 19

Versetzen Sie sich bitte in die Rolle und Situation der jeweils angesprochenen Person und argumentieren Sie mit der Steigerungstechnik!

1. Chef zum Mitarbeiter: »Herr Argus, Sie arbeiten wirklich zu langsam!«

2. Frau zum Ehemann: »Du räumst nie die Spülmaschine aus!«

3. Kunde zum Verkäufer: »Ihre Produkte sind total überteuert.«

4. Verkäufer zum Kollegen: »So eine Verkaufsschulung bringt überhaupt nichts.«

5. Mutter zur Lehrerin: »Die Fünf in Deutsch ist total ungerecht.«

Lösungsvorschläge auf S. 215

4.4.2 Induktion, Deduktion und 3-B-Technik

Diese drei Techniken bauen auf der Steigerungstechnik auf.

Das lateinische Verb »inducere« bedeutet »hineinführen«. Bei der Induktionstechnik führen die drei gesteigerten Argumente hinein in eine Schlussfolgerung, die man mit Formulierungen wie »Deshalb ...« / »Daher komme ich zu dem Fazit ...« / »Daraus ergibt sich die Schlussfolgerung ...« oder ähnlichen Einleitungen an die Argumentation anschließt.

Beispiel

Sie haben am Wochenende an einem Schlagfertigkeitstraining teilgenommen und berichten Ihrem Freund Carsten ganz begeistert von der Veranstaltung.

Carsten sagt daraufhin: »Quatsch! Schlagfertigkeit kann man doch nicht lernen. Entweder man ist schlagfertig oder man ist es nicht!«

Sie antworten:

»***Erstens*** lernt man schlagfertige Standardantworten, die man in jeder Situation anbringen kann.

Zweitens übt man einfache Techniken wie das Hinterfragen, die Zeit verschaffen, um den ersten Schock nach einer verbalen Attacke zu überwinden. Danach kann man sich dann auch gut zur Wehr setzen.

Drittens trainiert man spielerisch Spontaneität, Wortschatz und Wortwitz. Das hat bereits während des Seminars Früchte getragen.

Mein ***Fazit*** lautet: Mit einem Schlagfertigkeitsseminar kann jeder schlagfertiger werden!«

Das Wort »deducere« ist ebenfalls lateinisch und bedeutet »wegführen«. Im Rahmen der Deduktionstechnik formulieren Sie zunächst eine Behauptung und schließen daran die Argumente an. Sie »führen« sozusagen die Argumente von der Behauptung »weg«.

Beispiel

Der Vater eines Kindergartenkindes beschwert sich bei der Einrichtungsleitung: »Wie können Sie die Kinder nur auf diesen Spielplatz lassen? Die Geräte sind ja gemeingefährlich! Sie haben wohl noch nie etwas von Sicherheitsbestimmungen gehört!«
Die Leiterin der Einrichtung erwidert nach einigen ergebnislosen Rückfragen:
»Herr Kriser, ***die Spielgeräte*** auf unserem Spielplatz ***sind sehr sicher***.
Erstens hat sich in den letzten vier Jahren kein Unfall auf dem Spielplatz ereignet und kein Kind wurde verletzt.
Zweitens führt Frau Rottenmeier wöchentlich eine Sichtprüfung aller Geräte auf etwaige Schäden und Sicherheitsmängel durch. Das Prüfungsergebnis wird protokolliert und abgezeichnet. Den Aufzeichnungen zufolge sind zurzeit sämtliche Anlagen unbeschädigt und sicher.
Drittens wird der Spielplatz alle zwei Jahre vom TÜV kontrolliert und zertifiziert. Es liegt ein bis nächstes Jahr gültiges Zertifikat vor.«

Die 3-B-Technik ist eine Struktur mit den drei Schritten Behauptung, Begründung, Bekräftigung. Es handelt sich quasi um eine Kombination aus Induktion und Deduktion. Sie behaupten zunächst etwas, begründen dies mit den drei nach Wichtigkeit geordneten Argumenten und ziehen am Ende nochmals ein Fazit, das die Ausgangsbehauptung bestätigt. Anders gesagt: Die Bekräftigung ist inhaltlich weitgehend identisch mit der Behauptung. Es wird jedoch eine andere, kräftige Formulierung gewählt.

Beispiel

Bei einem Vorstellungsgespräch sagt die Personalverantwortliche zu einem jüngeren Bewerber:

»Es tut mir leid, aber für diese verantwortungsvolle Position erscheinen Sie mir noch ein wenig jung.«

Der Bewerber antwortet:

»***Ich denke, ich bin im richtigen Alter*** für die Stelle.

Erstens habe ich schon einige Managementerfahrungen gesammelt, trotz meiner relativ jungen Jahre.

Zweitens bin ich mit Anfang Dreißig im biologischen Zenit, das heißt hundertprozentig belastbar. Mit Ausfallzeiten ist bei mir kaum zu rechnen.

Drittens habe ich altersentsprechend viel Motivation, viele Ideen und ein hohes Entwicklungspotenzial. Wo andere schon am Ende sind, fange ich erst an.

Meine ***Schlussfolgerung*** lautet: Das Alter spricht klar für mich.«

Übung 20

Bauen Sie die Argumentationen aus Übung 19 wie folgt aus:

1. Induktion,
2. Induktion,
3. Deduktion,
4. 3-B-Technik,
5. 3-B-Technik!

Lösungsvorschläge auf S. 218

4.4.3 Logik

Das Schema umfasst fünf Schritte, nämlich eine Behauptung, die Begründung dazu, ein Beispiel, die Schlussfolgerung und schließlich ein Appell oder eine Frage.

Die gedankliche Struktur wird besonders deutlich, wenn man jeden Schritt mit einer passenden Floskel einleitet, etwa »Ich behaupte …«/»Meine Begründung ist…«/»Dazu ein Beispiel …«/»Die Schlussfolgerung lautet …«/»Ich frage Sie …« oder »Ich appelliere an Sie …«
Diese Floskeln helfen dem Sprecher, seinem eigenen roten Faden zu folgen. Sie machen die Argumentation aber auch

für den Zuhörer verständlich und nachvollziehbar. Beim Zuhörer entsteht der Eindruck, dass er jemanden vor sich hat, der äußerst strukturiert und logisch denkt. Im letzten Schritt, Frage oder Appell, sollten Sie sich in direkter Rede an den Gesprächspartner wenden. Dabei können Sie dann eventuell auf einen Einleitungssatz verzichten.

Beispiel

Bei einer Elternversammlung in der Schule wird heiß über das Thema Schulmanagement diskutiert. Ein Vater, Abteilungsleiter bei einem großen Chemiekonzern, kanzelt dabei eine Hausfrau und Mutter ab: »Was verstehen Sie denn davon? Sie sind doch bloß Hausfrau!«

Sie erwidert:
»**Ich behaupte**, dass eine Hausfrau und Mutter wie ich sehr viel von Management versteht.
Und **ich kann das auch begründen**: Ich habe es in dieser Rolle mit einer Vielzahl von komplexen und verantwortungsvollen Aufgaben zu tun, die nur mit akribischer Planung, akkurater Durchführung sowie Kontrolle und systematischer Verbesserung zu bewältigen sind.
Zum Beispiel geht es darum, das Haushaltsbudget der Familie aufzustellen und zu bewirtschaften, Prioritäten zu setzen, Ausgaben zu planen, Rechnungen zu begleichen, Ein- und Ausgaben zu erfassen und zu analysieren, Sparpotenziale zu erkennen und zu nutzen. Es geht auch um Menschenführung, zum Beispiel um Erziehung, Motivation und Konfliktmanagement.
Meine Schlussfolgerung lautet: Als Hausfrau bin ich Managerin eines kleinen Familienunternehmens. Und deshalb kann ich hier natürlich kompetent mitdiskutieren, wenn es um Schulmanagement geht.

(Ich frage sie, Herr Hämisch:) Wollen Sie mir diese Kompetenz ernsthaft absprechen?«

Alternativ zuletzt eine direkter Appell: »Deshalb hören Sie sich bitte meine folgenden Vorschläge genau an!«

Übung 21

Argumentieren Sie in den folgenden Situationen mit dem Schema »Logik«!

1. In einem Vorstellungsgespräch sagt der Personalverantwortliche am Schluss des Gesprächs: »Herr Nüchtermeier, nach meinem Eindruck können Sie andere Menschen einfach nicht überzeugen.«

2. In einer Talkshow wird einem Regierungsmitglied vorgeworfen, dass die Regierung Steuergelder verschwendet.

3. Der Chef wirft Ihnen vor, dass Sie laut Zeiterfassung für Standardaufgaben mehr Zeit benötigen als Ihre Kollegen.

4. Sie sind ein bekannter Fußballtrainer. Ein Fan wirft Ihnen nach dem Spiel vor: »Sie haben viel zu defensiv gespielt, mit nur einem Stürmer! Deshalb haben wir das Spiel verloren!«

5. Schüler Neidmann sagt zum Lehrer Justus: »Sie bevorzugen doch eindeutig Schüler, deren Eltern im Förderverein sind.«

Lösungsvorschläge auf S. 222

5 Spiele zur Förderung der Sprachgewandtheit

5.1 Wortkette 1

Lernziele
Spontaneität, Gewöhnung an Stress und Zeitdruck, Aktivierung und Erweiterung des Wortschatzes.

Beschreibung
Das Spiel lässt sich am besten in einer kleinen Gruppe (3 bis 5 Personen) durchführen. Die Spieler sitzen oder stehen im Kreis.

Der Älteste nennt ein Substantiv, zum Beispiel »Katze«. Der Spieler rechts neben ihm muss nun spontan ein Nomen finden, das mit dem letzten Buchstaben von »Katz**e**« beginnt, beispielsweise »**E**rosion«. Im Uhrzeigersinn geht es so weiter: Der nächste Spieler muss ein Hauptwort mit dem letzten Buchstaben von »Erosio**n**« finden, zum Beispiel »**N**acktschnecke«.

Es ist selbstverständlich verboten, schon genannte Begriffe noch einmal zu verwenden. Auch Eigennamen sind nicht zulässig.

Die erste Runde wird einmal durchgespielt. Sollte jemand kein passendes Wort finden, können die Mitspieler mit Vorschlägen helfen.

In der zweiten Runde ändern sich die Regeln, wenn jemand kein passendes Substantiv findet. Dann kann nämlich jeder andere, der ein geeignetes Wort weiß, dieses laut ausrufen, und das Spiel wird dann von dessen rechten Nebenmann fortgesetzt.

In weiteren Runden wird ein Thema vorgegeben, zum Beispiel »Tiere«, »Pflanzen« oder »Sport«. Alle Nomen müssen dann zu diesem Thema passen.

Es kann zweckmäßig sein, einen Spielleiter zu bestimmen, der für die Einhaltung der Regeln zuständig ist und später die »Themen« vorgibt.

Beispiel

Es spielen Anton, Berta, Charly und Detlef. Sie stehen in einem Kreis.

Anton: Lich***t***!

Berta: ***T***ee***r***!

Charly: ***R***adiesche***n***!

Detlef: ***N***udis***t***!

Anton: ***T***elefo***n***

Berta: stockt, findet kein Wort

Detlef ruft hinein: ***N***iemandslan***d***!

Anton: stockt, findet kein Wort

Berta ruft hinein: ***D***rogeri***e***

Charly gibt ein neues Thema vor und nennt den ersten Begriff dazu:

Thema »Tiere«,	Aff***e***
Detlef:	***E***se***l***
Anton:	***L***am***a***
Berta:	***A***meis***e***
Charly:	stockt, findet kein Wort
Berta ruft hinein:	***E***nt***e***
Charly:	***E***lefan***t***

usw.

5.2 Wortkette 2

Lernziele

Spontaneität, Gewöhnung an Stress und Zeitdruck, Aktivierung und Erweiterung des Wortschatzes.

Beschreibung

Das Spielprinzip ist identisch mit »Wortkette 1«. Die Wortketten sind jedoch mit Substantiven zu bilden, die sich aus zwei Nomen zusammensetzen, zum Beispiel »Kasten**brot**«. Der rechte Nebenmann muss nun das folgende zusammengesetzte Hauptwort mit dem Teil »Brot« beginnen, also beispielsweise »**Brot**-Preis« sagen.

Man darf ggf. eine Endung (-en, -n, -s) an den ersten Teil anhängen oder auch eine Endung weglassen. Begriffe, die schon genannt wurden, dürfen nicht nochmal verwendet werden.

Es geht hier, im Gegensatz zu Wortkette 1, streng im Uhrzeigersinn zu, d.h. Dazwischenrufen und auch Vorsagen sind verboten.

Wer an einer Stelle kein neues Wort finden kann, der scheidet aus und verlässt den Kreis. Sein rechter Nebenmann setzt dann das Spiel mit einem neuen Begriff fort.

Gewinner ist derjenige, der am Ende übrig bleibt.

Beispiel

10 Spieler stehen im Kreis

Spieler 1:	Ohr-feige
Spieler 2:	Feigen-blatt
Spieler 3:	Blatt-gold
Spieler 4:	Gold-rausch
Spieler 5:	Rausch-erlebnis
Spieler 6:	Erlebnis-pädagogik
Spieler 7:	Pädagogik-professor
Spieler 8:	weiß nicht weiter, scheidet aus
Spieler 9:	Spiele-sammlung
Speiler10:	weiß nicht weiter, scheidet aus
Spieler 1	Radio-sender
Spieler 2	Sende-genehmigung

usw.

5.3 Buchstabensalat

Lernziele

Kreativität, Wortschatzaktivierung, Wortschatzerweiterung

Beschreibung

Ein Spiel für zwei Personen: Es geht darum, aus zehn vorgegebenen Buchstaben in drei Minuten möglichst viele Wörter zu bilden. Jeder Buchstabe darf dabei mehrfach in einem Begriff vorkommen. Möglich sind alle deutschen Wörter, auch deklinierte und konjugierte Formen. Nicht zulässig sind Eigennamen und Abkürzungen.

Nachdem der Spielleiter die Regeln erklärt und die Spielpaare festgelegt hat, enthüllt er ein vorbereitetes Plakat oder Tafelbild mit den zehn Buchstaben. Es sollten vier Vokale und sechs Konsonanten sein.

Nun beginnt das Spiel. Die Spielpartner notieren jeweils ihre Lösungen. Es ist darauf zu achten, dass sie nicht voneinander abgucken können.

Nach Ablauf der Zeit setzen sich die Spieler zusammen und stellen fest, wer mehr gültige Lösungswörter gefunden hat.

Beispiel

Auf dem Plakat stehen die folgenden Buchstaben.

D	N	U	L	P
R	A	I	B	O

Klaus findet in drei Minuten folgende Wörter:
an, pur, du, und, pro, irr, Opa, Popo, lau, Lob, Pulli.

Paul kommt auf:
pur, und, Opa, du, ran, Narr, dann, in

Nachdem die Zeit abgelaufen ist, vergleicht Klaus seine Lösungen mit Paul. Sie streichen zunächst gemeinsame Wörter durch. Es verbleiben fünf Begriffe für Klaus und drei für Paul. Klaus hat gewonnen!

5.4 A bis Z-Spiel

Lernziele

Spontaneität, Gewöhnung an Stress und Zeitdruck, Aktivierung und Erweiterung des Wortschatzes

Beschreibung

Es handelt sich um ein Spiel für zwei Spieler und es geht darum, dass die beiden in einer gedachten, vorgegebenen Situation eine Unterhaltung führen. Dabei wechseln sie sich ab, d.h., der erste eröffnet das Gespräch mit einem Wort oder mit einem oder mehreren Sätzen, der zweite antwortet ebenso, der erste ist dann wieder dran und so fort.

Der Clou ist, dass der erste Spieler seinen Gesprächsbeitrag, egal, wie lang er ist, auf jeden Fall mit dem Buchstaben »A« beginnen muss. Die Antwort des Mitspielers fängt mit dem Buchstaben »B« an, die Erwiderung darauf dann mit »C« und so weiter.

Der Dialog endet mit einer Aussage, die mit »Z« beginnt.

Beispiel

Der Spielleiter gibt folgende Situation vor: Ein Mann will die Beziehung zu seiner langjährigen Freundin beenden.

Andreas und Diana spielen dazu den Dialog.

Andreas: »***A***lso, Diana, ich muss einmal ein ernstes Gespräch mit dir führen.«

Diana: »***B***itte, tu dir keinen Zwang an! Um was geht es?«

Andreas: »***C***hristiane von nebenan, die kennst du doch, oder?«

Diana: »***D***ie doofe Nuss mit den Kuhaugen?«

Andreas: »***E***cht gemein, sie so zu bezeichnen!«

Diana: »***F***ühlst du dich ihr etwa verbunden?«

Andreas: »***G***enau! Mehr als das sogar: Ich habe mich in die Frau verliebt.«

Diana: »***H***ahaha! Das ist nicht dein Ernst?«

Andreas. »***I***ch lüge nie. Das weißt du doch!«

Diana: »***J***a, *j*a. Schön, wenn es so wäre!«

Andreas: »***K***ein Kommentar dazu! Jedenfalls ist das die Lage und ich möchte zu ihr ziehen und die Beziehung mit dir beenden.«

Diana: »***L***ass dich nicht aufhalten!

Andreas: »***M***ensch, toll, dass du das so locker aufnimmst. Wie teilen wir denn die Einrichtung auf?«

Diana: »***N***atürlich bleibt alles hier! Ich habe dir meine kostbarsten Jahre geopfert. Da kann ich ja wohl wenigstens verlangen, dass du mir beim Auszug nicht noch die Wohnung leer räumst.«

Andreas: »***O***h, das ist aber ein bisschen viel verlangt. Das meiste habe ich doch bezahlt.«

Diana. »***P***apperlapapp! Die Möbel bleiben hier!«

Andreas: »***Qu***atsch! Lass uns doch einmal in Ruhe darüber reden und eine faire Lösung finden!«

Diana: »***R***ede nicht mit mir, als ob ich ein Kind wäre! Faire Lösung! Dass ich nicht lache! Du willst mich nach zehn Jahren einfach sitzen lassen! Wegen der Doofnuss von nebenan! Was ist daran fair?«

Andreas: »***S***iehst du! Und deswegen gehe ich zu Christiane! Immer diese emotionalen Ausbrüche! Das hält ja kein Schwein aus!«

Diana: »***T***u jetzt nicht noch so, als sei alles meine Schuld!«

Andreas: »***V***erdammt, so ist es aber! Du hast mich mit deinem nervigen Verhalten regelrecht in die Arme einer anderen getrieben!«

Diana: »***W***ie bitte? Das wird ja immer schöner!«

Andreas: »***X***-mal habe ich dich gebeten, ruhiger und einfühlsamer zu sein. Du hast dir kein bisschen Mühe gegeben.«

Diana: »***Y***es, ich habe dich vertrieben. Ich sehe es ein.«

Andreas: »***Z***u spät! Ich gehe.«

5.5 Reimen

Lernziele

Umgang mit Zeitdruck und Stress, Spontaneität, spielerischer Umgang mit Sprache, Wortschatzaktivierung

Beschreibung

Bei diesem Spiel für eine Kleingruppe (6 bis 12 Personen) sollen spontan zwei oder mehr Zeilen auf ein zugerufenes Wort gereimt werden.

Die Spieler stellen sich im Kreis auf. Einer bekommt einen Ball in die Hand. Er ruft ein Wort, zum Beispiel »Ball«, und wirft den Ball einem beliebigen Mitspieler zu. Der fängt ihn und reimt jetzt spontan auf das Wort »Ball« möglichst viele Zeilen. Er könnte hier Folgendes dichten:

»Ich fange den ***Ball***.
Er platzt mit nem ***Knall***.
War wohl zu ***drall***!«

Jetzt wirft der Dichter das Bällchen jemand anderem zu, nennt ein anderes Reimwort, beispielsweise »laufen«, und der Fänger ist dann mit dem Reimen an der Reihe.

Sollte jemandem nichts einfallen, kann ein anderer freiwillig das Dichten übernehmen. Er bekommt dann den Ball und kann weitermachen.

Beispiel:

Timo sagt: »Kuchen!« und wirft den Tennisball zu Leonie.

Leonie fängt und reimt:

»Wo ist nur der ***Kuchen***?
Wo soll ich nur ***suchen***?
Unter den ***Buchen***?
Ich kann's ja ***versuchen***!«

Leonie ruft: »Vase!« und wirft dann zu Maria.

Maria fängt, überlegt kurz und dichtet:

»In dieser ***Vase***,
sitzt ein ***Hase***
mit ner weißen ***Nase***.«

Maria nennt das Wort »Husten« und wirft dabei den Ball zu Jacky.

Nach dem Auffangen reimt dieser:

»Ich musste ***husten***
und auch ***prusten***,
denn die Schornsteine ***rußten***.«

usw.

5.6 Stabreime bilden

Lernziele

Umgang mit Zeitdruck und Stress, Spontaneität, spielerischer Umgang mit Sprache, Wortschatzaktivierung

Beschreibung

Arrangement und Ablauf sind ähnlich wie beim Spiel »Reimen« mit dem Unterschied, dass der Spieler mit dem Ball kein Reimwort, sondern einen Buchstaben nennt, zum Beispiel ein »B«.

Derjenige, dem das Bällchen zugeworfen wurde, bildet nun ad hoc mit dem festgelegten Buchstaben einen möglichst langen Stabreim, also einen Satz, in dem jedes Wort mit diesem Buchstaben beginnt, beispielsweise »***B***erühmte ***B***rasilianer ***b***raten ***b***esonders ***b***raune ***B***ratkartoffeln.«

Beispiel

Josef sagt »D« und wirft den Jonglierball zu Benjamin.

Der baut nach kurzer Überlegung folgenden Stabreim:

»***D***utzende ***d***eutscher ***D***ackel ***d***ürfen ***d***raußen ***D***obermänner ***d***ecken.«

Benjamin ruft: »F« und wirft den Ball zu Natalie.

Natalie greift einen alten, bekannten Zungenbrecher auf:

»**F**ischers **f**röhlicher **F**ritz **f**ischt **f**ünfzig **f**rische, **f**ranzösische **F**ische.«

Natalie fällt der Buchstabe »S« ein und sie gibt das Bällchen an Noemia weiter. Diese lässt sich die folgende Alliteration einfallen:

»**S**ieben **s**üße **S**chweinchen **s**ingen **s**chläfrig **s**echs **s**aublöde **S**chlaflieder.«
usw.

5.7 Das Gegenteil von …

Lernziele

Kreativität, Spontaneität, Umgang mit Zeitdruck und Stress, Wortschatzaktivierung

Beschreibung

Das Spiel wird idealerweise in kleinen Gruppen (6 bis 12 Personen) gespielt. Es geht darum, zu vorgegebenen Eigenschaftswörtern ein Adjektiv zu finden, welches das Gegenteil ausdrückt.

Die Spieler sitzen oder stehen im Kreis. Der jüngste Spieler beginnt und sagt zum Beispiel zu seinem rechten Nebenmann: »Das Gegenteil von »alt« mit »u«!« Der so Angesprochene muss nun ein entsprechendes Eigenschaftswort finden. Er darf es ggf. mit einem Adverb erweitern. Mögliche Antworten wären hier zum Beispiel »unbenutzt« oder »unheimlich jung«.

Der Spieler, der geantwortet hat, darf nunmehr die nächste Aufgabe für den Mitspieler stellen, der an seiner rechten Seite steht oder sitzt. Fällt dem jeweils angesprochenen Mitspieler kein passender Begriff ein, kann ein anderer aus der Runde einspringen. Das Spiel wird dann bei ihm im Uhrzeigersinn fortgesetzt.

Beispiel

Aylin, Britt, Christine, David, Enola und Francesco stehen im Kreis.

Aylin wendet sich an Britt: »Das Gegenteil von ‚kreativ' mit ‚***m***'!«

Britt sagt: »***M***ega-unkreativ!«

Sie fährt fort: »Christine, das Gegenteil von ‚sportlich' mit ‚***e***'!«

Christine ruft: »***E***ingerostet! ***E***xtrem bewegungsfaul! – Jetzt du, David: das Gegenteil von ‚dumm' mit ‚***h***'!«

David: »***H***ochbegabt! – Enola, das Gegenteil von ‚verliebt' mit ‚***g***'!«

Enola überlegt und sagt nach einer Weile. »Mir fällt nichts ein.«

Francesco übernimmt die Initiative: »Ich habe ein Wort. »***G***enervt!«

»Wieso ist ‚genervt' das Gegenteil von ‚verliebt'?«, fragt Enola.

Francesco erwidert: »Entweder bin ich in dich verliebt oder ich bin von dir genervt. Das wäre das andere Extrem. Ich verrate dir später, was zutrifft.«

Alle lachen. Francesco setzt das Spiel mit einer Aufgabe für Aylin fort.

usw.

5.8 Synonyme finden

Lernziele

Umgang mit Zeitdruck und Stress, Wortschatzaktivierung und -erweiterung

Beschreibung

Auch hier handelt es sich wieder um eine Spielidee für kleine Gruppen. Ziel ist das schnelle Finden von Synonymen, also bedeutungsgleichen Wörtern zu vorgegebenen Begriffen.

Die Teilnehmer und Teilnehmerinnen stehen im Kreis. Einer bekommt vom Spielleiter einen Jonglierball oder Ähnliches in die Hand und startet, indem er ein Wort nennt, beispielsweise »Uhr«. Er wirft den Ball zu einem beliebigen Mitspieler und dieser muss jetzt ein Synonym für »Uhr« finden. Denkbar wäre hier »Chronometer«.

Jetzt darf derjenige, der die Aufgabe gerade gelöst hat, ein neues Wort sagen, sich ein »Opfer« aussuchen und der Person das Bällchen zuwerfen. Der so ausgewählte Mitspieler nennt ein Synonym zu dem vorgegebenen Begriff, gibt dann eine erneute »Vorlage«, wirft jemandem aus der Runde den Ball zu und so weiter.

Was passiert, wenn einem Spieler kein Synonym einfällt? In dem Fall dürfen die Mitspieler helfen. Der Ball geht danach an den Helfer, der das Spiel fortsetzt.

Beispiel

Alena, Brandon, Chris, Donald, Erkin und Franziskus spielen zusammen und bilden einen Kreis.

Alena hat den Jonglier-Ball und eröffnet das Match mit dem Begriff »***Tod***«. Sie schmeißt den Ball zu Chris.
Chris überlegt kurz und findet dann das Synonym »***Ableben***«.

Er gibt das neue Wort »***Hochhaus***« vor und wirft den Ball zu Franziskus.
Franziskus sagt wie aus der Pistole geschossen: »***Wolkenkratzer***!«

Seine neue »Vorlage« ist »***Flasche***« und der Ball geht an Brandon, dem jedoch einfach nichts einfallen will.

Donald springt für ihn ein mit dem Synonym »***Pulle***«.

Er bekommt das Bällchen von Franziskus, denn er darf sich jetzt ein neues Wort ausdenken und mit dem Ball den nächsten Spieler aussuchen, der einen bedeutungsgleichen Begriff finden muss.
usw.

5.9 Fantasiegeschichte erzählen

Lernziele

Kreativität, Spontaneität, kreativer Umgang mit Sprache

Beschreibung

Bei diesem Spiel erzählt eine kleine Gruppe gemeinsam eine Fantasiegeschichte.

Zunächst setzen sich alle in einen Stuhlkreis. Der jüngste Spieler eröffnet mit einem einleitenden Satz. Der rechte Sitznachbar ergänzt den nächsten Satz. Der dritte spinnt die Geschichte mit einem weiteren Satz weiter und so fort.

Der Spielmoderator kann vorgeben, wann die Erzählung zum Abschluss kommen soll, zum Beispiel durch das Kommando »Letzte Runde!«

Beispiel

8 Spielerinnen und Spieler sitzen im Stuhlkreis.

Der Jüngste beginnt: »Es war einmal ein wunderschöner Schmetterling.«

Der rechte Nebenmann fährt fort: »Der war so schön, dass alle Tiere des Waldes neidisch waren.«

Der nächste Spieler ergänzt: »Besonders neidisch war jedoch der Rabe.«

Und weiter geht es mit dem Sitznachbarn: »Denn er hielt sich selbst für das schönste Tier weit und breit.«

usw.

6 Schlusswort

Sie haben sich durch das Buch gearbeitet und alle Übungen absolviert? Sie haben Ihre Lösungen jeweils mit den Musterlösungen verglichen und daraus Schlussfolgerungen gezogen? Dann gratuliere ich Ihnen und bin überzeugt, dass Sie sich jetzt schon viel besser in Gesprächen behaupten können als vor der Lektüre.

Aber erst Übung macht den Meister! Wenn Sie sich in puncto Selbstbehauptung perfektionieren wollen, empfehle ich Ihnen, sich weiter mit der Thematik zu beschäftigen und unermüdlich zu trainieren.

Besuchen Sie doch einmal ein Seminar bei mir! Hier können Sie sich mit anderen Interessierten austauschen, gemeinsam üben, Selbstbehauptung in realistischen Rollenspielen trainieren, sich selbst per Video sehen, Feedback und Tipps erhalten!

Informieren Sie sich dazu gerne auf meiner Homepage, meiner Facebook-Seite und auf meinem YouTube-Kanal! Auch Ihre Anfragen per Email sind mir herzlich willkommen!

Last but not least möchte ich mich noch bei zwei Menschen bedanken, die einen wesentlichen Beitrag zu Entstehung dieses Ratgebers geleistet haben:

An erster Stelle bei meiner Frau Christiane, die mit ihren Illustrationen das Buch visuell aufgepeppt und auch zu einem Augenschmaus gemacht hat!

Zum zweiten bei meiner guten Freundin Anke Liebisch aus Hamburg, die Korrektur gelesen hat und der ich viele wertvolle inhaltliche Anregungen zu verdanken habe.

Vielen herzlichen Dank, ihr zwei!

7 Lösungsvorschläge zu den Übungen

zu Übung 1

1. Ein Mann steht in der Küche am Bügelbrett und bügelt. Gleichzeitig telefoniert er. Auf dem Herd steht ein Topf mit Milch. Als die Milch überkocht, grinst die Ehefrau und sagt: »Männer und Multitasking!«
   Ehemann, seufzt lächelnd: »***Ach ja***!«

2. Als Herr Peinlich ins Büro kommt, sitzen sich die Kolleginnen Sprech und Blasius gegenüber und unterhalten sich über die Urlaubserlebnisse von Frau Blasius. Peinlich kommentiert dies mit den Worten: »Frauen und Tratsch! Das passt zusammen wie Pott und Deckel!«
   Frau Blasius: »***So,so!*** – Mal zu etwas ganz anderem: Wann haben Sie eigentlich Ihren Schulungstermin für die neue ABC-Software?«

3. Herr Genau zu seinem Arbeitskollegen: »Mir ist aufgefallen, dass du in deinen Briefen in der Grußfloskel das Wort ‚Grüße' jedes Mal mit Doppel-s schreibst. Das entspricht nicht den Regeln der Rechtschreibung.«
   Kollege: »***Potzblitz***!«

4. Herr Lässig kommt aus einer Besprechung mit der Chefin zurück an seinen Arbeitsplatz. Kollege Traugott stichelt: »Na? Hast du dich wieder eingeschleimt?«
   Lässig, grinsend: »***Na klar***! – Hol dir doch auch einmal einen Termin!«

5. Die Auszubildende Neu schaut kurz auf ihr Handy. Der ältere Kollege Grantig bemerkt: »Die Jugend von heute! Total handysüchtig!«
   Frau Neu: »***So what***! – Übrigens, ich habe hier eine Frage, wie man die Rechnung der Firma ZZZ verbucht. Könnten Sie mir das vielleicht erklären?«

Zu Übung 2

Zwei Fußballfans, locker miteinander bekannt, unterhalten sich.

Herr Schalki: »Mein Gott, deine Bauern (abwertend für den FC Bayern München) haben am Wochenende wieder mehr Glück als Verstand gehabt. Sieht schwer nach einer weiteren geschenkten Meisterschaft aus!«
Herr Oberbayer: ***»Sag mal, was hältst du eigentlich von Kötztrizer Weißbier?«***
Schalki: »Lecker! Wieso?«
Oberbayer: »Ich wollte bei der Eröffnung der Grillsaison einmal ein paar neue Biersorten ausprobieren und hatte an das Kötztrizer gedacht. Scheint ja eine gute Idee zu sein!«

Zu Übung 3

1. Ehemann zu seiner Gattin: »Bist du immer noch nicht fertig mit der Hausarbeit? Frauen und Zeitmanagement: Zwei Welten prallen aufeinander!«
Gattin: Hat das nicht etwas mit der ***archegenealogischen präterialen Distanz*** zu tun?
Ehemann, verstört: »Was?«
Frau: »Du hast schon richtig gehört! – Und jetzt bring bitte mal den Abfall hinunter!«

2. *Ausgangsbegriffe*: Anthologie, Synopse, Klimakterium, Hypothyreose, Hyperventilation, Syntax, Assimilation, Integration, Tachykardie, Inklusion, Autismus, Konditionierung, anaerob, Numismatik

***Neuschöpfungen*:**

Tachynumismus
autaktisch
Assimigration
antholypisch
Synthyreose

Zu Übung 4

1. Herr Konzent holt eine Tüte Milch aus dem Kühlschrank, als plötzlich das Telefon klingelt. Vor Schreck lässt er die Milch fallen. Die Tüte zerplatzt auf den Fliesen. Die Milch spritzt überall hin.
   Frau Konzent: »Ja, ja! Männer und Multitasking!«
   Herr Konzent: »***Die Axt im Hause lehrt halt den Schwan singen.***«
   Die Ehefrau ist sprachlos.

2. Mixen Sie drei unsinnige Sprichwörter aus den folgenden bekannten!

Abwarten und Tee trinken!
Adel verpflichtet!
Auf der Kanzel ist der Mönch keusch.
An der Leine fängt der Hund keinen Hasen.
Auch Rom wurde nicht an einem Tag erbaut.
Beiß nicht in die Hand, die dich füttert!
Braune Augen sind gefährlich, aber in der Liebe ehrlich!
Blut ist dicker als Wasser!
Der Krug geht so lange zum Brunnen, bis er bricht.
Der Knochen kommt nicht zum Hund, sondern der Hund zum Knochen.

a. ***Abwarten und an der Leine Hasen fangen!***

b. ***Braune Augen sind gefährlich, bis sie auf der Kanzel keusch werden.***

c. ***Der Krug geht so lange zum Brunnen, bis der Hund den Knochen erbricht.***

Zu Übung 5

1. Seminarteilnehmer zum Trainer: »Sie sind doch bloß ein ***Clown***, der hier eine Show abzieht!«
Trainer: »Sie haben Recht, ich ***sorge*** hier ***für Unterhaltung und gute Atmosphäre***. So geht Unterricht heute!«

2. Personalchefin zum Bewerber: »Sie besitzen doch für diese Stelle ***keinerlei Vorkenntnisse***!«
Bewerber: »Sie haben Recht, ich bin ***nicht betriebsblind*** und gehe ***unvoreingenommen*** an die neue Aufgabe heran.«

3. Teamleiterin zu einem Mitarbeiter: »Also entschuldigen Sie mal, Ihre Vorschläge zum Qualitätsmanagement sind ja wohl ***völlig absurd***!«
Mitarbeiterin: »Ich gebe Ihnen Recht, ich bin eine ***kreative Querdenkerin*** mit ***vielen frischen Ideen***!«

4. Mitarbeiter zum neuen Chef: »Seit Sie hier sind, benehmen Sie sich wie der ***Elefant im Porzellanladen***!«
Chef: »Sie haben Recht, ich ***zerschlage das alte Porzellan*** und ***schaffe Platz für neue Ideen und Konzepte***!«

5. Älterer Kollege zu einem Azubi, während eines Betriebsfestes: »Sie benehmen sich wie ein ***Affe***!«
Azubi: »Sie haben Recht, ich bin der ***Publikumsliebling in diesem Zoo***!«

Zu Übung 6

1. Lehrer zum Vater, in vorwurfsvollem Ton: »Ihr Sohn hat zum wiederholten Male ***widerrechtlich*** das Schulgelände verlassen!«
Vater. »Oh Gott, mein Sohn ist ein ***Wiederholungstäter***. Was können wir denn jetzt nur tun?«

2. Angestellte zu einer Kollegin, kopfschüttelnd: »Du hast ja heute ***schon wieder das gleiche Kleid*** an!«
Kollegin: »***Mit deiner beeindruckenden Kleiderkollektion kann ich*** natürlich ***nicht mithalten***, meine Liebe!«

3. Dame zu Ihrem Tanzpartner: »Aua, ***das war mein Fuß!***«
Tanzpartner: »Oh je! Das ist ja ***unverzeihlich***! Was kann ich tun, damit Sie mir vergeben?«

4. Eine Mutter zu einer anderen, die ihrem Dreijährigen die Windeln wechselt: »Also, ***mein Kind*** ist s***chon*** seit einem halben Jahr ***sauber***!«
Die Angesprochene: »Das ist ***fantastisch***, Sophie! Einfach fantastisch! Hast du dich schon bei RDL als ***Supermami*** beworben?«

5. Lustig erzählt einen Witz im Kollegenkreis und Kollege Gram sagt abwertend: »Das war so etwas von ***unlustig***. Der schlechteste Witz, seit es Witze gibt!«

Lustig: »Das ***trifft mich*** jetzt aber ***sehr hart.*** Und dabei habe ich den Witz vorher tagelang auswendig gelernt, damit die Pointe sitzt. Wieder nichts! Sehr, sehr schade!«

Zu Übung 7

1. »Schon gehört? Angela Merkel und Lukas Podolski sind jetzt ein Paar!«
»Ach? Ist die nicht mehr mit Brad Pitt zusammen?«

2. »Spanien ist ja bekanntlich ein Nachbarland Deutschlands!«
»Ja, ja, direkt neben Island, nicht wahr?«

3. »Dein T-Shirt ist zu klein!«
»Da solltest du erst einmal meinen Tanga sehen!«

4. »Neuerdings hat man Pinguine in der Wüste Gobi gesichtet!«
»Und? Wie vertragen sie sich mit den Eisbären?«

5. »Bei deiner Größe kommst du ja noch umsonst in den Zoo.«
»Aber das Beste ist, dass ich meine Schuhe extrem günstig in der Kinderabteilung kaufen kann!«

Zu Übung 8

1. Chefin zum Angestellten: »Ich habe den Eindruck, dass Sie sehr zurückhaltend sind und nicht genügend auf Kollegen und Kunden zugehen.«
   Angestellter: »***Im Gegenteil!*** – Ich gehe auf die Kunden und Kollegen ein, indem ich zunächst intensiv zuhöre. Erst wenn ich sie wirklich verstanden habe, suche ich gemeinsam mit ihnen nach Lösungen.«

2. Lehrerin zum Vater: »Ich denke, dass Ihr Sohn im Mathematikunterricht einfach überfordert ist.«
   Vater: »***Das Gegenteil ist der Fall!*** – Aus Gesprächen mit meinem Sohn weiß ich, dass ihn der Unterricht sehr langweilt. Dann schaltet er ab und kriegt nichts mehr mit. Welche Ideen haben Sie, den Stoff interessanter zu vermitteln?«

3. Mitarbeiterin zum Chef: »Ich werde in dieser Abteilung nicht genügend gefördert.«
   Chef: »***Im Gegenteil!*** – Ich sitze zum Beispiel jetzt mit Ihnen zusammen, um einerseits Ihre Stärken hervorzuheben und andererseits das Verbesserungspotenzial aufzuzeigen. Das ist eine wesentliche Voraussetzung für Ihre positive Entwicklung in unserem Unternehmen, also eine Förderung Ihrer Karriere.«

4. Personalverantwortliche zu einer Bewerberin: »Sie scheinen sich zur Teamarbeit nicht besonders gut zu eignen.«
Bewerberin: »***Im Gegenteil!*** – Ich arbeite seit fünf Jahren in einem Verkaufsteam und ich liebe es. Das kreative Potenzial einer Gruppe ist viel größer. Soziale Unterstützung, Ermutigung, auch konstruktive Kritik – das alles macht ein gutes Team aus und ich möchte auch in Zukunft nicht darauf verzichten.«

5. Kollege Krittel während einer Teambesprechung, an eine Kollegin gewandt: »Ein Tag der Offenen Tür, wie Sie ihn da vorgeschlagen haben, bringt doch für das Image der Einrichtung gar nichts!«
Kollegin: »***Im Gegenteil, Herr Krittel!*** – Wir können in diesem Rahmen unsere Leistungen einer großen Gruppe von Zielpersonen präsentieren. Wir können Qualitäten wie Menschlichkeit, Freundlichkeit, Hilfsbereitschaft und Serviceorientierung in unmittelbarem Kontakt mit potenziellen Kunden demonstrieren. Nur ein Tag der Offenen Tür bietet diese Möglichkeiten!«

Zu Übung 9

1. Mitarbeiter zu einer Vorgesetzten: »Sie haben einen autoritären Führungsstil!«
   Vorgesetzte: »***Wäre es Ihnen lieber***, ich würde mich um nichts kümmern und würde alles einfach laufen lassen? – Bestimmt nicht! Laisser-faire hat noch nie funktioniert. Kontrolle und Feedback sind auch bei einem demokratischen Führungsstil unerlässlich.«

2. Kunde zu einem Verkäufer: »Das Produkt ist zu teuer.«
   Verkäufer: »***Wäre es Ihnen etwa lieber***, ich würde Ihnen billigen Schrott andrehen? – Wohl kaum! Sie verdienen Topqualität zu einem fairen Preis. Genau das bietet dieses Produkt!«

3. Ehemann zur Ehefrau: »Du machst zu viele Überstunden und bist nie zu Hause!«
   Ehefrau: »***Wäre es dir lieber***, ich wäre immer zu Hause und würde statt 5000 € gar nichts verdienen? – Dann müssten wir unsere Pläne für den Urlaub auf Mauritius aber noch einmal überdenken!«

4. Ehemann zur Ehefrau: »Du gehst zu oft zum Frisör. Wer soll das bezahlen?«
   Ehefrau: »***Wäre es dir lieber***, auf meinem Kopf sähe es aus wie im kolumbianischen Regenwald? –

Wohl kaum! Du willst doch eine Frau, die hübsch aussieht, oder etwa nicht?«

5. Chef zum Mitarbeiter: »Sie feiern in letzter Zeit aber sehr häufig krank.«
Mitarbeiter: »***Wäre es Ihnen lieber***, ich würde mit ansteckenden Krankheiten im Büro erscheinen und die ganze Belegschaft infizieren? – Das kann ich mir nicht vorstellen. Lieber werde ich zu Hause schnell gesund und komme dann leistungsfähig wieder zu Arbeit.«

Zu Übung 10

1. Partner zu einer Partnerin: »Du hast dich in letzter Zeit aber sehr verändert!«
Partnerin: »***Wenn du damit meinst, dass*** ich selbstbewusster geworden bin und mir nicht mehr alles gefallen lasse, ***gebe ich dir Recht!«***

2. Arbeitskollege zu Herrn Bock: »Mein Gott, bist du stur!«
Herr Bock: »***Wenn du damit meinst, dass*** ich im Gegensatz zu manch anderem Rückgrat habe, ***gebe ich dir völlig Recht!***«

3. Bürger zu einem Politiker der ‚Linken': »Ihr Linken seid doch total weltfremd!«
Politiker: »***Wenn Sie damit meinen, dass*** wir die Ungerechtigkeiten der Welt nicht einfach als gegeben hinnehmen und für mehr Gerechtigkeit kämpfen, ***gebe ich Ihnen Recht!«***

4. Patient zu Dr. Sorgfalt: »Ihre Praxis ist katastrophal organisiert: Ich warte jetzt schon seit zwei Stunden darauf, dass ich endlich drankomme.«
Dr. Sorgfalt: »***Wenn Sie damit meinen, dass*** wir heute Morgen besonders viele Notfälle hatten, die wir vorziehen mussten, ***gebe ich Ihnen Recht!***«

5. Personalverantwortlicher zu einer Bewerberin: »Sie sind viel zu still für diesen Beruf!«
Bewerberin: »***Wenn Sie damit meinen, dass*** ich grundsätzlich erst zuhöre und verstehen will, was mein Gegenüber zu sagen hat, ***gebe ich Ihnen Recht!*** Und ich finde das gerade auch in diesem Beruf sehr wichtig.«

Zu Übung 11

1. Kollege Nidhögg zu Frau Senf: »Du arbeitest echt im Schneckentempo!«
Frau Senf: »***Genau deshalb*** unterlaufen *mir* auch keine Fehler, Herr Kollege!«

2. Herr Arro zu seiner Ehefrau: »Mein Gott, bist du schwer von Begriff!«
Ehefrau: »***Genau deshalb*** habe ich dich geheiratet. Damit du mir mit deiner überragenden Intelligenz in allen Lebenslagen zur Seite stehst!«

3. Schüler Unlust zu seiner Mathe-Lehrerin: »Warum muss ich den Quatsch lernen? Das brauche ich doch sowieso nicht!«
Lehrerin: »***Genau deswegen*** bringe ich es dir bei: Damit du es einmal im wirklichen Leben anwenden kannst!«

4. Bürger zu einem Politiker: »Sie ziehen uns doch nur die Steuern aus der Tasche!«
Politiker: »***Und das ist genau der Grund***, warum wir hierzulande genügend Schulen, Krankenhäuser, eine intakte Infrastruktur und einen funktionierenden Sozialstaat haben. Das alles wird nämlich mit Steuergeldern finanziert!«

5. Kunde zur Verkäuferin: »Sie machen wohl Scherze. 800 Euro für diese Couch? Das ist viel zu teuer!«
Verkäuferin: »***Deshalb*** hält diese Couch auch zehnmal so lang wie ein Billigmodell von XYZ!«

Zu Übung 12

1. Chefin zu ihrer Mitarbeiterin: »Die Zeiterfassung hat ergeben, dass Frau Flux im Schnitt drei Stunden weniger für das Anfertigen einer Einkommensteuererklärung benötigt.«
   Mitarbeiterin: »***Wollen Sie damit etwa sagen, dass*** ich bei der Arbeit herumtrödele?«

2. Fußballamateur Franz Holzfuß zu seinem Trainer: »Warum haben Sie mich nicht aufgestellt, Trainer? Sie sehen doch, der Sebastian versiebt eine Chance nach der anderen.«
   Trainer: »***Willst du damit etwa sagen, dass*** ich keine Ahnung von Fußball habe?« oder »Willst du etwa einen Teamkameraden hinter seinem Rücken bei mir schlecht machen?«

3. Professor Fazke während einer Lehrveranstaltung: »Einigen hier muss man wohl Helium ins Gehirn blasen, damit sie überhaupt aufrecht gehen können.«
   Student: »***Wollen Sie damit etwa sagen, dass*** Sie uns für schwachsinnig halten?«

4. Herr Smart ist zu einer Geburtsparty bei einer Bekannten eingeladen. Sie öffnet die Tür und sagt: »Jetzt habe ich so viele Leute eingeladen und ausgerechnet du kommst als Erster!«

Herr Smart: »***Willst du damit etwa sagen, dass*** ich wieder gehen soll?«

5. Ehemann zu seiner Frau, vor der Autofahrt zum Urlaubsort: »Lass mich lieber fahren!«
Ehefrau: »***Willst du damit etwa sagen, dass*** ich fürs Autofahren zu blöd bin?«

Zu Übung 13

1. Mitarbeiter zur Chefin: »Mit Ihrem autoritären Führungsstil machen Sie das ganze Team kaputt!«
Chefin: »***Was*** meinen Sie mit ‚autoritärer Führungsstil'?
Mitarbeiter: » Damit meine ich, dass man hier keine Gelegenheit bekommt, seine Meinung in Entscheidungsprozesse einzubringen.«
Chefin: »***Welche*** Entscheidungsprozesse oder Situationen meinen Sie denn ***genau***?«
Mitarbeiter: »Ich meine das jetzt ganz allgemein.«
Chefin: »Ganz allgemein pflege ich einen partizipativen Führungsstil. In wichtigen Angelegenheiten frage ich Sie und alle anderen aus dem Team nach Ihrer Meinung und nach Ihrem Rat. Denken Sie nur an die Mitarbeiterbefragung zur Vorbereitung des QM-Projektes! In unserer Abteilung hat wirklich jeder die Möglichkeit, sich einzubringen!«

2. Lehrerin zum Vater: »Ihr Sohn stört ständig den Unterricht!«
Vater: »***Inwiefern*** stört er den Unterricht?«
Lehrerin: »Er quatscht ständig mit seinem Sitznachbarn Thomas?«
Vater: »***Wie*** haben Sie darauf reagiert?«
Lehrerin: »Ich fordere ihn natürlich jedes Mal auf, das zu unterlassen. Aber das hat bisher keine nachhaltige Wirkung gezeigt.«

Vater: »Gut. Dann werde ich einmal ein ernstes Wörtchen mit ihm sprechen. Bitte informieren Sie mich in 14 Tagen, falls sich sein Verhalten nicht geändert hat!«

3. Seminarteilnehmer zum Kommunikationstrainer: »Ihre Tipps zur Gesprächsführung sind praxisfern.«
Kommunikationstrainer: »***Wieso*** finden Sie die Empfehlungen praxisfern?«
Teilnehmer: »Ich kann Sie in meiner Situation nicht anwenden.«
Kommunikationstrainer: »***Was*** haben Sie denn für Gesprächssituationen? ***Welche*** Art von Gesprächen führen Sie dort?«
Teilnehmer: »Ich bin Avon-Berater und führe vor allem Verkaufsgespräche.«
Kommunikationstrainer: »Gerade in Verkaufsgesprächen helfen meine Tipps unheimlich gut weiter. Ich gebe Ihnen einmal ein Beispiel: …«

4. Betriebsrat zur Vorstandsvorsitzenden: »Die Zahlen, die Sie da präsentieren, sind doch aus der Luft gegriffen!«
Vorstandsvorsitzende: »***Welche*** Zahlen meinen Sie ***genau***?«
Betriebsrat: »Ich meine die Zahlen zur Umsatzentwicklung in den nächsten Jahren. Niemand kann doch wissen, wie sich der Umsatz in den kommenden fünf Jahren entwickelt!«

Vorstandsvorsitzende: »Genau darum haben wir eine hoch bezahlte Statistikabteilung, die mit wissenschaftlich fundierten statistischen Methoden verlässliche Trendberechnungen durchführt. Die von mir präsentierten Zahlen sind so sicher wie die erste Hochrechnung an einem Wahlabend. Allzu große Abweichungen gibt es da nicht mehr!«

5. Mitarbeiter zur Personalchefin: »Ich werde hier nicht genügend gefördert!«
Personalchefin: »***Wie*** kommen Sie zu dieser Einschätzung?«
Mitarbeiter: »Ich habe schon seit zwei Jahren keine Weiterbildung mehr finanziert bekommen.«
Personalchefin: »Das ist deshalb so, weil Ihre Vorgesetzte Sie als Top-Mitarbeiter einschätzt. Sie erfüllen zurzeit ausnahmslos alle Qualifikationsanforderungen. Ich gratuliere Ihnen dazu!«

Zu Übung 14

1. Chefin zum Sachbearbeiter: »Ihre Leistungen haben ja wohl den absoluten Tiefpunkt erreicht!«
Sachbearbeiter: »***Sie sind unzufrieden mit mir.***«
Chefin: »So ist es.«
Sachbearbeiter: »Was genau ist denn der Grund für diese Einschätzung?«
Chefin: »Ihr zu verantwortender Umsatz ist im vergangenen Jahr um 15 Prozent gesunken.«
Sachbearbeiter: »Da haben Sie Recht. Aber die Frage ist doch: Liegt das an mir? Und meine Antwort lautet: Nein!«

2. Kollege zur Kollegin: »Sag mal, hat dein Friseur eigentlich einen Waffenschein?«
Kollegin: »***Du bist entsetzt über meine Frisur.***«
Kollege: »Ja, ehrlich gesagt schon.«
Kollegin: »Willst du beim nächsten Mal mitkommen und mich beraten?«

3. Reporter zum Fußballtrainer: »Warum haben Sie in der ersten Halbzeit nur mit einem Stürmer gespielt?«
Trainer: »***Sie halten die Taktik für falsch.***«
Reporter: »Die Mannschaft brauchte doch unbedingt einen Sieg. Musste man da nicht offensiver aufstellen?«
Trainer: »Genau darum habe ich zusätzlich zu dem Stürmer noch vier offensive Akteure im Mittelfeld

aufgestellt, die wechselweise immer wieder auch auf den Flügeln und im Strafraum agieren sollten. Offensiver ging es nicht!«

4. Antragsteller zum Bearbeiter: »Wie lange soll ich denn noch auf die Genehmigung warten?«
Bearbeiter: »***Sie sind ungeduldig.***«
Antragsteller: »Ja. Ohne die Genehmigung kann der Bau nicht beginnen und die Zeit wird knapp. Der Winter steht vor der Tür.«
Bearbeiter: »Das verstehe ich. Ich muss mich entschuldigen, dass es so lange dauert, aber wir haben hier wegen der Grippewelle einen Personalengpass. Ihr Antrag hat jedoch Priorität und wird so bald wie möglich bearbeitet.«

5. Mitarbeiter zum Vorgesetzten: »Sie haben doch überhaupt keine Ahnung, was ich hier jeden Tag leiste!«
Vorgesetzter: »***Sie sind verärgert, weil Ihre Leistung nicht ausreichend gewürdigt wird.***«
Mitarbeiter: »Genau. Schon seit Wochen erledige ich nicht nur meine Arbeit, sondern vertrete auch noch den Kollegen Kränklich. Aber das interessiert ja niemanden.«
Vorgesetzter: »Dann möchte ich mich an dieser Stelle einmal ehrlich bei Ihnen bedanken. Sie leisten hervorragende Arbeit. Auf der anderen Seite habe ich zum derzeit von Ihnen betreuten Projekt auch

einige kritische Anmerkungen, die ich mit Ihnen besprechen möchte.«

Zu Übung 15

1. Mitarbeiter zur Vorgesetzten: »Ich teile Ihre Einschätzung meiner Teamfähigkeit nicht. In diesem Bereich sehe ich mich weit über dem Durchschnitt.«
Vorgesetzter: »***Über dem Durchschnitt?***«
Mitarbeiter: »Ja, besser als die meisten!«
Vorgesetzte: »Wie kommen Sie zu denn zu dieser Einschätzung?«

2. Kollege zur Kollegin: »Frauen reden ja bekanntlich mehr als doppelt so viel wie Männer!«
Kollegin: »***Bekanntlich?***«
Kollege: »Ja. Es gibt doch Untersuchungen dazu?«
Kollegin: »Welche denn genau?«
Kollege: »Ja, … du weißt schon!«
Kollegin: »Nein, ich kenne keine derartige Untersuchung. Du offenbar auch nicht! Scheint sich um ein Klischee zu handeln!«

3. Vorgesetzter zu einer Mitarbeiterin: »Frau Tran, Sie brauchen einfach zu viel Zeit für Ihre Aufgaben.«
Mitarbeiterin. »***Zu viel Zeit?***«
Vorgesetzter: »Ja. Die Auswertung Ihrer Selbstdokumentation hat ergeben, dass Sie zum Beispiel für eine Einkommensteuererklärung im Durchschnitt eine Stunde länger benötigen als Ihre Kollegen und Kolleginnen.«

Mitarbeiterin: »Diese Zeiterfassungsmethode ist meines Erachtens irreführend, weil Einkommensteuererklärungen sehr unterschiedlich sein können. Im einen Fall sind lediglich Einkünfte aus nicht selbstständiger Arbeit zu bearbeiten. In einem anderen Fall sind zusätzlich noch Einkünfte aus selbstständiger Tätigkeit, aus Vermietung und Verpachtung und aus Kapitalvermögen zu erklären. Solche Unterschiede wirken sich natürlich auf die Bearbeitungszeiten aus, werden aber bei der Erfassung nicht berücksichtigt.«

4. Chefin zur Sekretärin: »Warum liegt die Eingangspost noch nicht vor? Es ist bereits 10.30 Uhr!«
Sekretärin: »***Liegt nicht vor?***«
Chefin: »Genau!«
Sekretärin: »Hm! Ich hatte die Mappe doch vorbereitet. … Ah, hier liegt sie! Wurde wohl versehentlich unter die Akte Meier geschoben. Das tut mir leid, Frau Krittel. Mein Fehler!«

5. Kunde zum Verkäufer: » Ich bin sauer! Ich habe zu Hause noch einmal recherchiert und festgestellt, dass Sie mir die Konsole zu einem völlig überhöhten Preis verkauft haben!«
Verkäufer: »***Noch einmal recherchiert?***«
Kunde: »Ja. Ich habe bei ABC-Online nachgeschaut. Da wird das gleiche Gerät 20 Euro billiger angeboten.«

Verkäufer: »Wäre es Ihnen lieber, wenn Sie ein bisschen Geld gespart hätten, aber bei Problemen oder Schäden auf sich allein gestellt wären? Wenn Sie in Zukunft irgendein Problem mit der Konsole haben, können Sie mit dem Gerät in zehn Minuten hier sein und es wird Ihnen garantiert geholfen. Das sieht bei ABC-Online dann ein bisschen anders aus!«

Zu Übung 16

1. Mitarbeiter zur Chefin (im Rahmen eines Mitarbeitergesprächs): »Sie führen sich auf wie ein Diktator!«
Chefin: »***Sie meinen, dass ich manchmal etwas zu autoritär bin.***«
Mitarbeiter: »Exakt! Bei der letzten Teambesprechung zum Projekt X-Men haben Sie gar keine Diskussion über alternative Designs aufkommen lassen und sich meines Erachtens viel zu schnell für die klassische Variante entschieden. Ich bin gar nicht zu Wort kommen. Und Sie haben auch noch verschiedene andere Kollegen einfach ignoriert.«
Chefin: »Im Gegenteil! Ich habe mir schon im Vorfeld schriftliche Stellungnahmen aller Beteiligten geben lassen und analysiert. Deshalb konnte ich das schnell entscheiden!«

2. Bürger zu einem Politiker: »Hier in Deutschland ändert sich sowieso nie etwas.«
Politiker: »***Sie meinen, es müsste sich einiges ändern.***«
Bürger: »Natürlich! Zum Beispiel muss das Renteneintrittsalter gesenkt werden. Man kann doch nicht bis 67 arbeiten!«
Politiker: »Genau deshalb sollten Sie die XYZ-Partei wählen. Wir treten nämlich dafür ein, zur Rente mit 65 zurückzukehren!«

3. Arbeitgebervertreter zu einem Gewerkschafter: »Der Mindestlohn ist Blödsinn!«
Gewerkschafter: »***Sie meinen, dass es Gründe gegen den Mindestlohn gibt.***«
Arbeitgebervertreter: »Die bekannten volkswirtschaftlichen Modelle belegen wissenschaftlich, dass Mindestlöhne oberhalb des Gleichgewichtslohns Arbeitsplätze vernichten.«
Gewerkschafter: »Der gesetzliche Mindestlohn existiert jetzt seit zwei Jahren. Die Arbeitslosigkeit ist nicht gestiegen.«

4. Teamleiterin zum Mitarbeiter: »Sie zeigen null Motivation, Herr Schlaff.«
Mitarbeiter: »***Sie finden, ich wirke zu gelassen.***«
Teamleiter: »Ich erkenne bei Ihnen keinen Biss!«
Mitarbeiter: »Woran genau erkennen Sie denn den Biss eines Mitarbeiters?«
Teamleiter: »Hm …«
Mitarbeiter: »Ich versichere Ihnen, dass ich für meinen Job brenne und noch viele Ziele hier erreichen möchte!«

5. Mutter zum Lehrer: »So, wie Sie erklären, kapiert mein Sohn gar nichts!«
Lehrer: »***Sie meinen, dass Sie sich Sorgen machen, dass Ihr Sohn den Anschluss verliert.***«
Mutter: »Den hat er schon verloren!«

Lehrer: »So ernst sehe ich die Lage noch nicht. Lassen Sie uns doch einmal gemeinsam überlegen, wie wir Ihrem Sohn am besten helfen können!«

Zu Übung 17

1. Sie machen während einer Teamsitzung einen Vorschlag und ein Teilnehmer sagt daraufhin: »Das klappt doch sowieso nicht!«
»Herr Kollege, Sie sagen, dass das sowieso nicht klappt. Das frustriert und verärgert mich, weil die Formulierung so pauschal ist und sehr abschätzig klingt. Bitte begründen Sie doch einmal konkret, warum es aus Ihrer persönlichen Sicht nicht funktionieren sollte!«

2. Sie leiten ein Kommunikationsseminar. Ein Teilnehmer unterbricht Ihre Ausführungen mit den Worten: »Das ist doch praxisferner Quatsch!«
»Sie sprechen von praxisfernem Quatsch. Das finde ich verletzend. Wieso genau glauben Sie, dass man es in der Praxis nicht umsetzen kann?«

3. Während einer Besprechung präsentieren Sie ein Projekt und eine Teilnehmerin winkt verächtlich ab.
»Frau Mut, Sie winken ab. Das verunsichert mich. Was genau denken Sie über meine Präsentation oder mein Projekt?«

4. Sie sind Assistentin der Geschäftsführung. Auf dem Flur begegnet Ihnen der Geschäftsführer und sagt

mit charmanter Stimme: »Sie sehen ja heute wieder scharf aus, Frau Herzig!«

»Herr vom Berg, Sie haben gesagt, dass ich scharf aussehe. Das verletzt meine Würde als Frau und ich fühle mich dadurch sexuell belästigt. Bitte verzichten Sie in Zukunft auf derartige Bemerkungen!«

5. Ein Politiker kritisiert bei einer öffentlichen Veranstaltung rassistische Umtriebe. Ein Mann aus dem Publikum brüllt: »Vaterlandsverräter!«

   »Sie haben mich ‚Vaterlandsverräter' genannt. Das macht mich unglaublich wütend. Wer ist denn ein Vaterlandsverräter? Derjenige, der die Ehre Deutschlands mit rassistischen Gewalttaten besudelt oder derjenige, der sich öffentlich gegen Rassismus wendet?«

Zu Übung 18

Verfassen Sie bitte einen kleinen Dialog zwischen zwei Personen! Die eine Person soll einen Vorwurf oder eine Kritik an die andere richten. Die angesprochene Person soll mit der Elasto-Technik antworten!

Mutter Strengmann zu Nachhilfelehrer Waldorf: »Meine Tochter hat seit vier Wochen Nachhilfe bei Ihnen. Sie hat sich seitdem um keinen Deut verbessert. Die letzte Latein-Arbeit war wieder ‚Fünf'.«
Herr Waldorf: »***Ich kann*** Ihre Frustration absolut ***nachvollziehen. Zu bedenken ist, dass*** sich die Lücken bei Ihrer Tochter in mehreren Jahren aufgebaut haben. Deshalb kann man sie auch nicht in wenigen Wochen beseitigen. Haben Sie bitte noch ein wenig Geduld! Wir sind auf einem guten Weg und der Erfolg wird sich einstellen.«

zu Übung 19

1. Chef zum Mitarbeiter: »Herr Argus, Sie arbeiten wirklich zu langsam!«
   Mitarbeiter:
   »***Erstens***: Durch meine Bedachtsamkeit strahle ich Ruhe und Gelassenheit aus. Das hat einen positiven Effekt auf das Arbeitsklima im Team.
   Zweitens: Weil ich langsam arbeite, ermüde ich nicht so schnell und benötige weniger Pausen.
   Drittens: Weil ich langsam arbeite, unterlaufen mir wenige Fehler.«

2. Frau zum Ehemann: »Du räumst nie die Spülmaschine aus!«
   Ehemann:
   »***Erstens*** erledige ich dafür die gesamte Familienbürokratie.
   Zweitens fahre ich drei Mal pro Woche zum Einkaufen.
   Und drittens habe ich einen sehr anstrengenden Job, mit dem ich zwei Drittel unseres Einkommens erwirtschafte.«

3. Kunde zum Verkäufer: »Ihre Produkte sind total überteuert.«
Verkäufer:
»***Erstens***: In unseren Produkten werden nur erstklassige Rohstoffe verarbeitet, die ihren Preis haben.
Zweitens: Wir verarbeiten die Ware extrem sorgfältig und haben ein Qualitätssicherungssystem, das Ausschuss nahezu verhindert. Dadurch sind die Produktionskosten etwas höher, aber die Qualität top.
Drittens: Der hohe Preis ist also bei uns ein Indikator für höchste Qualität! Für Sie bedeutet das, dass unsere Produkte fehlerfrei funktionieren und eine lange Lebensdauer haben.«

4. Verkäufer zum Kollegen: »So eine Verkaufsschulung bringt überhaupt nichts!«
Kollege:
»***Erstens*** lernt man, wie man die Bedürfnisse des Kunden erkennt und entsprechend argumentiert.
Zweitens erfährt man, wie man Einwände von Vorwänden unterscheidet und wie man echte Kundeneinwände behandeln kann.
Das bedeutet drittens schließlich, dass man nach einer solchen Schulung erfolgreicher verkauft und mehr Umsatz macht.«

5. Mutter zur Lehrerin: »Die Fünf in Deutsch ist total ungerecht.«

Lehrerin:
»***Erstens*** hat sich Ihr Sohn im Unterricht sehr selten gemeldet.
Zweitens hat er meistens falsche oder unzureichende Antworten gegeben, wenn ich ihn im Unterricht befragt habe.
Und drittens hat er in den drei Klassenarbeiten nur eine Durchschnittsnote von 4,7 erzielt.«

Zu Übung 20

Bauen Sie die Argumentationen aus Übung 19 wie folgt aus:

1. Induktion

Chef zum Mitarbeiter: »Herr Argus, Sie arbeiten wirklich zu langsam!«
Mitarbeiter:
»***Erstens***: Durch meine Bedachtsamkeit strahle ich Ruhe und Gelassenheit aus. Das hat einen positiven Effekt auf das Arbeitsklima im Team.
Zweitens: Weil ich langsam arbeite, ermüde ich nicht so schnell und benötige weniger Pausen.
Drittens: Weil ich langsam arbeite, unterlaufen mir wenige Fehler.
Daher bin ich davon überzeugt, dass mein Arbeitstempo optimal ist.«

2. Induktion

Frau zum Ehemann: »Du räumst nie die Spülmaschine aus!«
Ehemann:
»***Erstens*** erledige ich dafür die gesamte Familienbürokratie.
Zweitens fahre ich dreimal pro Woche zum Einkaufen.

Und drittens habe ich einen sehr anstrengenden Job, mit dem ich zwei Drittel unseres Einkommens erwirtschafte.
Aus diesem Grund finde ich es nur gerecht, wenn du und die Kinder das Ausräumen der Spülmaschine übernehmen.«

3. Deduktion

Verkäufer:
»Der höhere Preis ist gerechtfertigt und garantiert Ihnen unter dem Strich Vorteile.
Erstens: In unseren Produkten werden nur erstklassige Rohstoffe verarbeitet, die ihren Preis haben.
Zweitens: Wir verarbeiten die Ware extrem sorgfältig und haben ein Qualitätssicherungssystem, das Ausschuss nahezu verhindert. Dadurch sind die Produktionskosten etwas höher, aber die Qualität ist top.
Drittens: Aus den genannten Gründen ist der Preis also ein Indikator für höchste Qualität! Für Sie bedeutet das, dass unsere Produkte fehlerfrei funktionieren und eine lange Lebensdauer haben.«

4. 3-B-Technik

Verkäufer zum Kollegen: »So eine Verkaufsschulung bringt uberhaupt nichts!«
Kollege:

»Ich denke, eine Verkaufsschulung lohnt sich auf jeden Fall.
Erstens lernt man, wie man die Bedürfnisse des Kunden erkennt und entsprechend argumentiert.
Zweitens erfährt man, wie man Einwände von Vorwänden unterscheidet und wie man echte Kundeneinwände behandeln kann.
Das bedeutet drittens schließlich, dass man nach einer solchen Schulung erfolgreicher verkauft und mehr Umsatz macht.
Die Teilnahme an Verkaufstrainings ist daher ein Muss für jeden Mitarbeiter, der erfolgreich verkaufen will.«

5. 3-B-Technik

Mutter zur Lehrerin: »Die Fünf in Deutsch ist total ungerecht.«
Lehrerin:
»Die Fünf ist gerechtfertigt.
Erstens hat sich Ihr Sohn im Unterricht sehr selten gemeldet.
Zweitens hat er meistens falsche oder unzureichende Antworten gegeben, wenn ich ihn im Unterricht befragt habe.
Und drittens hat er in den drei Klassenarbeiten nur eine Durchschnittsnote von 4,7 erzielt.

Deswegen kann ich keine andere Zensur als eine Fünf vergeben.«

Zu Übung 21

Argumentieren Sie in den folgenden Situationen mit dem Schema »Logik«!

1. In einem Vorstellungsgespräch sagt der Personalverantwortliche am Schluss des Gesprächs:
»Herr Nüchtermeier, nach meinem Eindruck können Sie andere Menschen einfach nicht überzeugen.«

Nüchtermeier:
»*Ich behaupte*: Ich kann andere sehr gut überzeugen.
Und ***meine Begründung ist***, dass ich in meinem Berufsleben schon mehrfach Bewerbungsprozesse erfolgreich durchlaufen habe. Ich habe dabei die Verantwortlichen davon überzeugt, dass ich der Richtige für die jeweilige Position war.
Zum Beispiel haben auch Sie ja nicht alle Bewerber zu diesem Gespräch eingeladen, mich jedoch schon. Also muss ich bis hierher wohl recht überzeugend gewesen sein.
***Das Fazit lautet*:** Die Fähigkeit, andere zu überzeugen, gehört zu meinen besonderen Stärken.
Lassen Sie es mich in der Probezeit unter Beweis stellen!«

2. In einer Talkshow wird einem Regierungsmitglied vorgeworfen, dass die Regierung Steuergelder verschwendet.

Regierungsmitglied:
»***Ich sage Ihnen***, dass diese Regierung die Steuergelder sinnvoll und im Interesse der Bürger ausgibt.
Begründen will ich dies mit der Verteilung der Staatsausgaben.
Die meisten Steuergelder fließen ***beispielsweise*** in den Posten ‚Arbeit und Soziales'. Das ist Geld, das unmittelbar unterstützungsbedürftigen Bürgern zugutekommt: Kindern, Müttern, kinderreichen Familien, Schülern und Studenten.
Daraus kann man nur folgern, dass die Steuermittel sinnvoll ausgegeben werden.
Bitte unterstützen Sie diese Regierung, damit wir das auch weiterhin sicherstellen können!«

3. Der Chef wirft Ihnen vor, dass Sie laut Zeiterfassung für Standardaufgaben mehr Zeit benötigen als Ihre Kollegen.

Sie sagen:
»***Ich bin der Meinung***, dass die Zeiterfassung das tatsächliche Arbeitstempo nicht widerspiegelt.
Der Grund liegt darin, dass Tätigkeiten, die im Rahmen der Erfassung als gleichartig eingestuft werden, es eben tatsächlich doch nicht sind.
Zum Beispiel wird für eine Einkommensteuererklärung eine Bearbeitungszeit von acht Stunden angesetzt. Jedoch unterscheiden sich die notwendigen Bearbeitungszeiten der

Einzelfälle sehr stark voneinander, je nachdem, welche Einkunftsarten zu erfassen sind und wie die Beleglage ist. Wenn die Zeiterfassung also ergibt, dass ich durchschnittlich länger für eine Einkommensteuererklärung benötige als meine Kollegen, dann ***schließe ich daraus***, dass ich es im betrachteten Zeitraum vermutlich mit komplexeren Steuerfällen und fehlenden Belegen zu tun hatte.
Bitte berücksichtigen Sie diese Unterschiede angemessen!«

4. Sie sind ein bekannter Fußballtrainer. Ein Fan wirft Ihnen nach dem Spiel vor: »Sie haben viel zu defensiv gespielt, mit nur einem Stürmer! Deshalb haben wir das Spiel verloren.«

Sie (Fußballtrainer):
»Ich behaupte, dass wir sehr offensiv aufgestellt waren.
Das kann ich auch begründen, denn wir hatten zusätzlich zu dem Stürmer drei offensive Mittelfeldspieler und die die beiden hoch stehenden Außenverteidiger auf dem Platz.
So war es beispielsweise immer wieder so, dass die Außenverteidiger sich zur Grundlinie durchgespielt und von dort nach innen geflankt haben, wo im Zentrum dann ein bis zwei Mittelfeldspieler den nominellen Mittelstürmer unterstützt haben. Wir haben auf diese Weise viele Chancen kreiert, zuletzt noch den Kopfball von Schweinhaber in der 92. Minute.
Mein Fazit lautet: Auch wenn wir die Torchancen leider nicht genutzt haben, waren wir taktisch sehr offensiv ein-

gestellt und haben uns deswegen viele Möglichkeiten erarbeitet.
Sehen Sie das nicht auch so?«

5. Schüler Neidmann sagt zum Lehrer Justus: »Sie bevorzugen doch eindeutig Schüler, deren Eltern im Förderverein sind.«

Lehrer Justus:
»Im Gegenteil, Herr Neidmann, ***ich kann guten Gewissens behaupten***, dass ich mich bei der Benotung ausschließlich an der Leistung der Schülerinnen und Schüler orientiere.
Das kann ich auch belegen, denn mehr als die Hälfte der Schüler mit guten und sehr guten Noten haben keine Eltern, die Mitglied im Förderverein sind.
Als Beispiele nenne ich Justin Streberlein und Tina Spange. Beide haben eine Eins auf dem Zeugnis. Bei beiden sind die Eltern nicht im Förderverein.
Daraus kann man schließen, dass die Mitgliedschaft von Eltern im Förderverein kein Notenkriterium ist.
Bitte suchen Sie den Grund für Ihre mäßigen Leistungen nicht bei anderen, sondern strengen Sie sich in Zukunft mehr an, Herr Neidmann!«

Literaturverzeichnis

Armour, Katharina; Ernestus Carolin: *Mach sie sprachlos. Schlagfertigkeit für Frauen.* Marion von Schröder Verlag 2001

Bach, George R.; Goldberg Herb: *Keine Angst vor Aggression. Die Kunst der Selbstbehauptung.* 19. Auflage, Fischer Taschenbuch Verlag 2010

Berckhan, Barbara: *Sanfte Selbstbehauptung. Die 5 besten Strategien, sich souverän durchzusetzen.* 3. Auflage, Mosaik bei Goldmann2009

Berckhan, Barbara: *Jetzt reicht's mir! Wie Sie Kritik austeilen und einstecken können.* 4. Auflage, Kösel Verlag 2009

Bredemeier, Carsten: *Nie wieder sprachlos.* 1. Auflage, Orell Füssli 1999

Dahms, Christoph und Matthias: *Schlagfertig in Rede und Verhandlung.* Dahms Privatinstitut für Rhetorik und Managementtraining GmbH 1996

Gamber, Paul: *Transaktionsanalyse für Dummies.* Wiley-VCH Verlag 2016

Harris, Thomas A.: *Ich bin o.k. - Du bist o.k.: Wie wir uns selbst besser verstehen und unsere Einstellung zu anderen verändern können*

- *Eine Einführung in die Transaktionsanalyse.* 50. Auflage, Rowohlt Taschenbuch Verlag 1975

Merkle, Rolf: *Lass Dir nicht alles gefallen: Selbstbewusstsein stärken, selbstsicher auftreten, Nein sagen lernen.* 20. Auflage, PAL 2011

Nöllke, Matthias: *Schlagfertigkeit. Das Trainingsbuch.* Haufe Verlag 2003

Pöhm, Matthias: *Nicht auf den Mund gefallen! So Werden Sie Schlagfertig Und Erfolgreicher.* mvg Verlag 2014

Pöhm, Matthias: *Das NonPlusUltra der Schlagfertigkeit: Die besten Techniken aller Zeiten.* 2. Auflage, mvg Verlag 2015

Schnack, Natalie: *30 Minuten Selbstbehauptung.* GABAL 2013

Schulz von Thun, Friedemann: *Miteinander reden 1-4: Störungen und Klärungen / Stile, Werte und Persönlichkeitsentwicklung / Das »Innere Team« und situationsgerechte Kommunikation / Fragen und Antworten.* Rowohlt Taschenbuch Verlag 2014